일상의 영적 전쟁

매일의 영적 전쟁에서 어떻게 굳건히 설 것인가

데이비드 폴리슨 지음 | 권명지 옮김

Standing Firm in Spiritual Battles

토기장이

Safe & Sound:
Standing Firm in Spiritual Battles
by David Powlison

Copyright ⓒ 2019 by David Powlison
All rights reserved.
Published by New Growth Press

Korean translation copyright ⓒ 2022 by Togijangi Publishing House
2F, 71-1 Donggyo-ro. Mapogu, Seoul 04018, Korea

This Korean edition is published by the permission of New Growth Press (Greens boro, NC 27404 USA) through the arrangement of Riggins Rights Management.

본 저작물의 한국어판 저작권은 Riggins Rights Management를 통해 New Growth Press와 독점계약한 '도서출판 토기장이'가 소유합니다. 저작권법에 의하여 한국 내에서 보호를 받는 저작물이므로 무단 복제를 금합니다.

특별한 표기가 없는 모든 성경 구절은 개역개정성경을 인용한 것입니다.

일상의 영적 전쟁

데이비드 폴리슨 지음 | 권명지 옮김

토기장이

그리스도인이 되는 순간 우리는 영적 전쟁의 장으로 초대된다. 영적 전쟁이란 뿔 달린 마귀를 상대하는 것이 아니라, 우리의 생각 속에 일어나는 갈등으로 이것은 분노, 두려움, 현실 도피라는 다양한 양상으로 나타난다. 사탄은 우리에게 생각을 불어넣는 존재다. 그 생각의 싸움에서 주도권을 잃어버리면 우울과 낙망과 분노 가운데 삶을 살아갈 수밖에 없다. 데이비드 폴리슨은 이런 일상의 영적 전쟁에서 우리가 갖추어야 할 무기를 제공해 준다. 기도와 말씀이라는 가장 기본적인 도구를 통해, 그것이 우리의 생각 속에서 어떻게 적용되는지를 통해 일상의 전쟁에서 승리하는 발판을 마련해 준다. 또 이 책의 백미는 사탄의 영업비밀을 폭로하는 것이다. 사탄은 개인에게 부정적인 생각을 넣어주기도 하지만, 더 심혈을 기울이는 작업이 바로 문화 내러티브를 통한 공격이다. 사탄은 오늘도 문화를 통해 성경과 다른 신념들을 사람들의 생각 속에 뿌리내리려 한다. 이 책을 읽으면서 가만히 귀 기울여 보라. 사탄의 견고한 진들이 무너지는 소리를 들을 수 있을 것이다.

고상섭 그 사랑교회 담임목사, CTCKorea 이사

모든 그리스도인은 영적인 전쟁터 한가운데에 서 있지만, (나를 포함해) 많은 그리스도인들이 전쟁터 한가운데에서 한가롭게 음악을 들으며 유유자적하다가 사탄과 죄에 의해 노략질당하는 일이 많은 것 같다. 아마 이 책의 서론 부분에 나오는 폴리슨의 개인적 경험 이야기만 들어도 우리가 늘 사탄의 이간질 가운데 있음을 알 수 있을 것이다. 폴리슨은 에베소서에서 말하고 있는 복음의 처방을 바탕으로, 개인적으로 영적 전쟁에서 승리하는 비결과 더불어 상담에 있어서 아주 풍성하고 깊은 실천적 진리들을 전해 준다. 성화의 길을 걸어가는 그리스도인들에게도 꼭 필요한 책이지만, 영적 전쟁의 개념에 대해 모호하게 생각하는 나 같은 목회자들에게도 꼭 필요한 책이다!

이정규 시광교회 담임목사, 「야근하는 당신에게」 저자

저자가 이 땅에 남긴 이 마지막 책은, 지금까지 이 주제에 관하여 다른 이들에게 추천했던 단 한 권의 책을 이 책으로 바꾸게 했다. 저자는 에베소서

전체의 구조를 정리하며 에베소서의 핵심을 "끝으로 너희가 주 안에서와 그 힘의 능력으로 강건하여지고"(엡 6:10)로 제시한다. 에베소서가 말하는 복음과 이 복음에 합당한 성도의 일상의 삶 전부가 '영적 전쟁'이라는 개념으로 묶인다. 자극적 사례에서 시작하지 않고 성경을 통해 개념 정리를 해주어 너무 좋다. 이후 '영적 전쟁'에 관한 성경이 우리에게 요구하는 것을 밝히고, 우리의 구체적 삶 가운데 이 싸움의 양상이 어떻게 진행되는지, 또 어떻게 해야 우리가 승리할 수 있을지를 차근차근 들려준다.

만약 우리가 자신이 경험하고 있는 문제를 가지고 겸손하게 내담자의 자리에 앉는다면, '데이비드 폴리슨'이라는 사려 깊은 성경적 상담자가 들려주는 정확하고 따뜻한 처방을 들을 수 있을 것이다. 췌장암 4기를 진단받고 그에게 주어진 마지막 이 땅에서의 시간을 사용하여 남겨 준 대체 불가능한 귀한 글을 읽었다. 벌써 그가 그립다.

조영민 나눔교회 담임목사, 「우리 가운데 서신 하나님」 저자

영적 전쟁에 관해 이보다 더 좋은 책은 없을 것이다. 저자는 이 주제를 대할 때 흔히 나타나는 혼란과 두려움을 성경적 통찰력으로 꿰뚫고, 영혼을 치료하는 의사처럼 조심스럽게 다루고 있다. 이 책을 읽는 모든 그리스도인은 회심의 '이미'와 귀향의 '아직' 사이에서 마주하게 될 피할 수 없는 전쟁에 대비할 수 있을 것이다.

폴 데이비드 트립 폴 트립 미니스트리 대표, 목회 상담가, 「폴 트립의 은혜 묵상」 저자

데이비드 폴리슨은 일생을 걸쳐 언급할 수도 없을 만큼 수많은 선물을 교회에 안겨 주었다. 작별의 선물로 나온 이 책도 예외가 아니다. 데이비드는 에베소서 6장을 근거로 크리스천의 삶과 사역을 신성한 전사 되시며 우리의 머리이신 하나님으로부터 힘을 얻어 매일 싸워야 하는 영적 전쟁으로 봐야 한다고 강력하게 피력한다. 이것은 세상, 육, 마귀에 맞서 싸우는 전쟁이다. 또한 무릎을 꿇고 기도하고 의지하면서 손과 마음에 말씀을 들고 싸워야 하는 전투다.

마이클 R. 에믈렛 기독교상담교육재단(CCEF) 학과장, 상담가

이 책을 읽음으로 당신은 사탄이 머릿속을 '장악하게' 둘 때 겪게 되는 최악의 영적 전쟁으로부터 자신을 보호할 수 있게 될 것이다. 영적 전쟁에서 분명히 우리가 우위에 있다. 이는 어둠의 세력과 싸우는 것에 대해 폴리슨이 숙고하여 써낸 이 책을 통해 제시하는 영적인 통찰력 중 하나다. 영적 전쟁을 진지하게 받아들이는 것은 사탄이 자기를 중심으로 이야기를 써 내려가게 내버려 둔다는 의미가 아니다. 사탄은 이미 패배했으며 예수 그리스도의 죽음과 부활로 치명적인 상처를 입은 적일 뿐이다!

폴 밀러 seeJesus 대표, 「일상기도」 저자

데이비드 폴리슨은 성경을 토대로 영적 전쟁에 대한 언어와 관점을 새롭게 얻고 적용할 수 있게 돕는다. 상담을 한다는 것은 일상에서 일어나는 전 우주적 전투에 참전하는 것과 같다. 폴리슨은 우리가 임하는 전투가 자연주의적 근대 철학을 근거로 하는 것이 아니라 하나님의 무기와 성령의 검으로 싸우는 것임을 일깨워 준다. 그는 임박한 죽음의 그림자와 치열하게 싸우는 중에도 하나님의 말씀 안에서 찾을 수 있는 평안으로 쉴 수 있도록 우리를 인도하면서 자신의 투명하면서도 연약한 믿음을 드러낸다. 설명은 정확하고, 신학적으로 실용적이며 유의미한 지혜를 전수한다. 이 책을 읽고 그의 충고를 들으며 시기적절한 그의 성경적 상담 내용을 잘 지켜나가길 바란다.

T. 데일 존슨 주니어 공인 성서 상담가 협회 상임이사

풀리슨이 마지막으로 쓴 이 책은 우리에게 놀라운 선물이다. 그의 친근한 목소리는 언제나 그랬듯이 영적 실체의 한 점과 삶의 현주소의 한 점을 정성스럽게 이어 준다. 그의 말을 잘 들어보라. 영적 전쟁은 이따금씩 일어나는 특이한 현상이 아니다. 모든 사람이 겪는 핵심 딜레마다. 이 책은 단순히 우리가 계속해서 겪는 전쟁을 묘사하는 것으로 끝나지 않는다. 믿고 회개하고 사랑하기 위해 어떻게 끝까지 싸워야 하는지 보여 준다. 그리고 개인적으로 혹은 그의 사역을 통해 그를 사랑하는 사람이라면 눈물 없이 이 책의 마지막 장까지 읽을 수 없을 것이다.

스티브 미즐리 영국 성서 상담 협회 상임이사, 케임브리지 크라이스트 교회 원로목사

나는 데이비드와 38년을 함께 일했으므로 그가 쓴 모든 내용에 대해 긍정적인 편견을 가질 수밖에 없지만 그럼에도 나는 이 책을 그의 최고의 작품이라고 꼽고 싶다. 목회적이면서, 에베소서와 사탄의 현실적인 전략 사이에 점을 연결하며, 자신의 삶을 우리에게 오픈하고, 예수 그리스도의 빛을 볼 수 있도록 우리의 눈을 뜨게 해준다. 이 책은 책 이상으로 우리에게 주는 선물이다.

에드워드 T. 웰치 CCEF 교수, 상담가

솔직히 나는 영적 전쟁이나 마귀의 활동에 대해서 항상 답보다는 질문을 더 많이 가지고 있었다. 그렇기에 이 짧으면서도 말씀이 녹아든 책이 출간된 것에 감사한다. 이 책은 영적 전쟁이 실제로 무엇인지 명확한 가르침을 줄 뿐 아니라 악과의 영적 전쟁 가운데 있는 사람들을 도와줄 수 있는 적절한 전략들을 알려 준다. 그것은 이 세상을 살아가는 우리 모두에게 필요한 전략과 같은 것으로, 바로 말씀과 기도다.

낸시 거스리 작가, 성경 교사

영적 전쟁에 대해 내가 읽은 책 중 단연 최고다. 데이비드 폴리슨의 「일상의 영적 전쟁」은 다른 그 누구도 해결해 주지 못했던 방식으로 영적 전쟁을 이해할 수 있도록 준비시켜 주었다. 장담하건대 이 책을 통해 당신의 믿음은 자라게 될 것이다.

디팍 레주 캐피톨 힐 침례교회 성경적 상담 및 가정 사역 담당 목사

서문

이 책은 영적 전쟁에 관한 책이다. 지금 당신과 나는 전장의 한가운데서 전투를 벌이고 있다. 뿐만 아니라 우리가 상담하는 모든 이가 동일하게 한치 앞도 보이지 않는 전쟁 속에서 생명을 노리는 포식자에게 쫓기고 거짓말의 괴수와 맞닥뜨리고 있다. 우리의 마음이 우리를 속이고 문화가 우리를 잘못된 길로 인도할 때 사탄은 그 욕망과 목적을 드러낸다.

이 말을 들으니 어떤 생각이 드는가?

어쩌면 당신은 매일 전쟁을 겪고 있다는 사실을 인지하지 못할 수 있다. 모든 영적인 실체가 그렇듯이 우리는 눈에 보이지 않는 것은 금방 잊어버리게 된다. 내가 이 책을 쓰는 목적도 우리가 직면하고 있는 현실 속에서 실제적인 전투가 벌어지고 있음을 깨닫고, 영적인 무장을 하기 위해서다. 우리는 어둠의 시대를 살고 있다. 이 책은 우리와, 사랑하는 이들과, 상담하는 이들에게 어떻게 이 어둠의 권세에 맞설 수 있는지 알려 주는 책이다. 앞으로 이야기를 풀어나가면서 나는 매우 개인적으로 다가갈 것이다. 내 삶 속에서 어떤 전쟁이 일어났는지를 나눌 것이다. 그리고 다른 사람들의 삶에 대한 이야기를 나눌 것이다. 그들의 경험을 통해 알게 된 것들로 우리가 어떻게 맞서야 하는지 배울 수 있을 것이다. 내가 개인적으로 이야기를 풀어가는 이유는 이 주제가 추상적인 개념으로 설명할 수 있는 것이 아니기 때문이다. 우리가 영적으로 겪는 대전大戰의 실체는 성경의 창세기 3장부터 요한계시록 22장에 걸쳐 다루어진다. 우리는 실제적인 문제들을 겪는 실제적인 사람들이다. 또한 이 문제는 우리 모두에게 개인적인 것이다.

그럼 이야기를 시작하기 위해 나의 시작으로 돌아가 보자.

***

삶의 첫 25년간 나는 내가 보이지 않는 힘과 전쟁을 치르고 있다는 사실을 인지하지 못했다. 나는 사탄의 존재를 믿지 않고 예수님에 대해서도 별로 가르치지 않는 하와이의 교회에서 자랐다. 우리는 사실 죄인이 아니기 때문에 (적어도 대역죄인은 아니기 때문에) 구세주도 필요 없다고 배웠다. 스스로 해결할 수 있는 몇 가지 문제를 가지고 있기는 하지만 기본적으로는 우리 자신을 선한 사람이라고 생각했다. 당연히 사탄에 대해서는 생각해 보거나 이야기하지 않았다. 하지만 이런 상황에도 불구하고 나에게 대적 세력이 있다는 현실은 변하지 않았다. 그 대적은 나를 둘러싸고 있는 하나님과 상관없는 삶, 궁극적으로 자신에게만 집중하게 하는 나의 욕망, 죽음과 그 그림자, 한마디로 말해 어둠의 제왕 사탄이 지배하는 세상이었다.

십 대가 되면서 나는 우리 교회에서 인생이 무엇인지에 대한 큰 그림을 보지 못하고 있다는 생각이 들었다. 그리고 실제로 세상에 악이 존재한다는 것을 알게 되었다. 아버지는 세계 2차 대전 때 태평양에 해병대로 참전했다. 전쟁이 끝난 후, 우리는 핵폭탄의 무시무시한 위협에 직면하게 되었다. 학교에서는 핵폭탄이 떨어질 것을 대비하여 책상 아래에 숨는 훈련을 했다. 내가 살고 있던 세상은 이런 세상이었다. 내가 믿고 자라온 종교는 더 이상 세상과는 무관한 것처럼 보였다.

하버드 대학교에 입학했을 무렵, 나는 종교에 대한 흥미를 완전히 잃어버렸다. 하지만 나의 세상은 계속해서 확장되어 가고 있었다. 이제 나의 세상에는 학생 시위로 인해 혼란스러운 캠퍼스가 포함되었다. 우리는 케임브리지에서 자행되고 있는 사회적 부당함과 하버드 대학의 규칙과 정책, 그리고 베트남 전쟁에 대항하는 반대 운동을 벌였다.

이때쯤 죽음이 나에게 현실적으로 다가왔다. 대학교 1학년 때 할아버지께서 돌아가셨다. 나는 할아버지가 죽음을 앞두고 삶의 의미를 찾기 위해 처절하게 씨름하는 모습을 지켜봤다. 결국 할아버지는 답을 얻지 못하셨고, 나 또한 할아버지께 답을 드리지 못했다. 그다음 해 나는 한 학기를 프랑스에서 수학하게 되었다. 어느 날 밤, 차 뒷자리에 앉아 있었는데 갑자기 누가 봐도 술에

만취한 젊은이가 우리 차 앞으로 비틀거리며 들어왔다. 차에 치이는 순간 나는 그와 눈이 마주쳤고 그 젊은이는 그 자리에서 즉사했다. 또다시 나는 죽음을 마주했고 답을 얻지 못했다. 이렇게 갑자기, 또 의미도 없이 끝나 버릴 수 있는 삶에서 어떤 의미를 찾을 수 있겠는가?

그리고 거기에는 나의 욕망, 생각, 의도들이 있었다. 나는 의미 있는 삶을 살며 사람들을 이해하고 싶었기에 어떠한 방식으로든 다른 이들을 돌보는 일을 하고 싶었다. 멋진 여인을 만나 사귀고 싶기도 했다. 이를 이루기 위해 나는 심리학을 전공으로 선택했다. 폭동으로 인해 상처받은 이들에게 물을 제공하고 붕대를 감아 주는 일을 하면서 여성들을 사귀기도 했다. 여기에는 내가 원하지 않는 일도 따라왔다. 나는 그리스도인들 사이에 끼고 싶지 않았다. 내 생각에 그리스도인들은 후진적이고 반동분자 같았다. 누군가 자신이 그리스도인임을 밝히면 나는 그들과 최대한 거리를 두려고 노력했다.

내 속에는 답을 찾지 못한 영적 질문들이 존재하고 있었지만 아직까지 내 삶의 주된 관심사는 아니었다. 그런데 대학을 다닌 지 몇 년이 지나자 나의 세계관이 조금씩 깨어지기 시작했다. 하나님은 하버드 시절 나와 함께 시위에 참여했던 친구 밥 크래머를 통해 내 인생에 들어오셨다. 그 친구는 1년 간 유럽에서 공부하면서 라브리(L'Abri: 국제적인 기독교 공동체 및 연구 센터. 불어로 '피난처'라는 뜻을 가지고 있다―역주)에 들어가 프랜시스 쉐퍼를 만났고 그리스도인이 되었다. 그가 다시 우리 대학교로 돌아왔을 때 마침 우리 집에 빈 방이 있어 그와 함께 살게 되었다.

그 해부터 밥과 나는 5년간 예수님에 대한 대화를 나누기 시작했다. 그 친구처럼 자신의 신앙에 대해 진지하게 생각하는 사람은 처음 만나 보았다. 그는 기독교에 대해 매우 설득력 있게 지적인 변론을 할 수 있는 사람이었다. 하지만 우리의 대화가 5년이나 이어진 것은 내가 구세주를 원하지 않았기 때문이었다. 나는 주님을 원치 않았다. 나는 내 삶과 선택들을 스스로 책임지고자 했다. 밥과의 우정은 계속되었고 나는 그와 그의 아내 다이안의 결혼식의 들러리였지만 여전히 그리스도인이 되고 싶지 않았다.

그러던 중, 1975년 8월 31일에 뭔가 새로운 일이 일어났다. 우리의 대화는 여느 때와 같이 시작되었다. 밥은 기독교의 철학적이면서 실존주의적인 존재 이유를 설명하고 있었는데 그의 말이 다 이해가 되었다. 그런데 밥은 기독교에 대한 변증을 멈추고 자신의 진심을 나에게 나누기 시작했다. 그는 말했다. "다이안과 나는 진심으로 너를 사랑하고 존중해. 하지만 지금 네가 믿고 있는 것과 삶을 살아가는 방식을 보면… 넌 스스로를 망가뜨리고 있어."

밥이라면 충분히 나에게 이렇게 이야기할 수 있었다. 그리고 성령님이 그의 말을 통해 내 삶에 역사하셨다. 그 순간 나는 강력하게 내가 죄인임을 깨달았다. 나의 죄들이 내 눈앞에 주마등처럼 스쳐 지나갔다. 방금 전까지만 해도 잘못되었다고 생각하지 않았던 나의 태도, 생각, 행동들이었다. 가장 근본적으로는 나를 향한 하나님의 사랑을 믿고 있지 않았다는 사실을 깨닫게 되었다.

나는 그저 멍하니 앉아 있었다. 밥은 이 상황에서 담대하고 지혜롭게 잠잠히 기다려 주었다. 마침내 나는 물었다. "어떻게 하면 그리스도인이 될 수 있지?" 밥은 엉뚱하게도 다시 기독교의 변증론을 이야기하기 시작했다. 나는 그가 하는 말을 멈추고 말했다. "아니야, 아니야. 그런 건 다 필요 없어. 내가 그리스도인이 되려면 무엇을 해야 하냐는 말이야."

그러자 밥은 에스겔서에 나오는 정결케 됨과 새 마음에 대한 하나님의 약속의 말씀을 나누어 주었다.

> 맑은 물을 너희에게 뿌려서 너희로 정결하게 하되 곧 너희 모든 더러운 것에서와 모든 우상 숭배에서 너희를 정결하게 할 것이며 또 새 영을 너희 속에 두고 새 마음을 너희에게 주되 너희 육신에서 굳은 마음을 제거하고 부드러운 마음을 줄 것이며_겔 36:25-26

정결하게 함, 새롭게 함, 이러한 변화야말로 내가 원하던 것이었다. 그리고 처음으로 내게도 이런 것들이 필요하다는 것을 이해하게 되었다. 하지만 내 삶 속에서 어둠과 거짓으로 힘을 행사하면서 도사리고 있던 사탄은 나에게 대놓고 말하기 시작했다. 악마의 목소리를 들었다고밖에는 설명할 길이 없다. 확실히 내 목소리는 아니었다. 나를 조롱하고 무서운 어조로 비난하는 목소리가 방금 밥이 나에게 읽어 줬던 새로운 마음에 대한 약속에 직접적으로 대항하며 말했다. "너는 너무 더러워. 소망이 없어. 하나님은 절대로 널 받아 주지 않을 거야. 네가 그리스도에게 가면 그를 더럽히게 될 거야."

나는 이 두 목소리 사이의 치열한 전투에 휘말렸음을 생생하게 느꼈다. 하나는 약속과 소망의 목소리였고 다른 하나는 어둠과 적대감의 목소리였다. 내가 이러한 경험을 한 것은 그때 한 번뿐이었다. 그때 나는 어둠의 왕국을 떠나기 일보 직전이었고 그것을 안 어둠의 왕은 순순히 나를 놓아 주려고 하지 않았다.

나는 밥에게 말했다. "난 그리스도께 나아가기엔 너무 악한 것 같아. 그리고 난… 도저히 하나님께 나를 변화시켜 달라고 구할 수가 없어." 밥은 그런 내게 말했다. "하나님을 마음으로 받아들일 수 있게 해달라고 하나님께 구하면 돼. 하나님께는 어떤 것도 구할 수 있어. 그러니까 너를 구원해 달라고 하나님께 구할 수 있는 힘을 달라고 기도해 봐." 나는 그 말을 따랐다. 내가 한 기도는 누가복음 18장에서 그대로 따온 것이었다. "하나님이여, 불쌍히 여기소서. 나는 죄인이로소이다"(13절). 나는 주님께 부르짖었다. 그러자 내 안에 들리던 악마의 목소리가 사라졌다. 그날 밤 내가 겪은 경험은 야고보서 4장 7-8절에 나오는 것이었다. 나는 회개하는 마음과 믿음으로 하나님을 가까이했고 그로 인해 마귀는 도망갔다.

다음 날 아침, 나는 새로운 세계에서 눈을 떴다. 그 세계는 빛으로 가득했고 나는 기쁨의 전율에 휩싸였다. 내 마음에 떠올랐던 첫 번째 말은 이것이었다. "나는 이제 그리스도인이야. 이제야 집에 돌아왔어." 그때 내 나이 26살쯤이었고, 지난 25년간 목적지도 없이 무덥고 희뿌연 길을 달려왔다는 느낌이 들었다. 드디어 내가 진정으로 속해야 할 곳에 와 있었다.

이 24시간 동안에 일어난 일을 통해 나는 처음으로 내가 강력한 대적에 맞서 전투를 벌이고 있다는 사실을 인지했다. 그 대적은 내 주위의 하나님을 무시하고 그리스도인을 조롱하는 세상, 내 자신을 구세주로 섬기려는 욕망, 그리고 내가 믿는 모든 거짓과 내가 살고 있던 어둠의 힘에 불을 지피는 사탄이었다. 하지만 하나님이 내 삶의 껍질을 깨고 들어오셨다. 성령님은 나를 기꺼이 사랑하고 하나님, 세상, 그리고 나 스스로에 대한 진리를 선포할 수 있는 한 친구를 사용하셔서 친히 어둠에 빛을 비춰 주셨다.

개인 사역을 하다 보면, 내가 그랬듯이 어둠의 제왕과 그의 거짓말의 손아귀에 사로잡혀 있다는 사실을 전혀 알지 못하는 많은 사람들을 만나게 될 것이다. 주님을 알지 못하는 사람들을 상담할 때면 그들이 근본적인 거짓말의 암막 속에서 살아가고 있다는 것을 알게 된다. 그들은 삶이 어떠해야 하는지 분별하지 못한다. 어둠 속을 걷고 있으며 자신이 무엇에 걸려 넘어지고 있는지 이해하지 못한다(잠 4:19). 온 세상을 지배하고 속이는 자는 자신의 추종자를 사랑하지 않는다. 사탄은 결국 그들을 죽이려는 의도를 가지고 있기 때문에 그들을 돕기 위해 우리는 준비되어 있어야만 한다.

또한 당신은 그리스도를 알고 있는 사람들을 만나서 돕게 될 것이다. 만약 주님의 소중한 자녀를 상담하고 있다면 악마가 이 사람을 향한 특별한 적대감을 품고 있다는 것을 간파해야 한다. 거대한 용, 그러니까 "옛 뱀"이 "그 여자의 남은 자손 곧 하나님의 계명을 지키며 예수의 증거를 가진 자들"에게 분노하고 있다(계 12:9, 17). 이 사람들도 한때는 대적에 속한 자들이었다(엡 2:3; 5:8). 하지만 이들은 편을 바꿔서 어둠에서 빛으로, 죽음에서 생명으로 돌아섰다. 그러나 그들이 겪은 고초와 투쟁을 생각할 때 그리스도가 그들의 피난처, 보호자, 그리고 힘이 되어 주심을 아는 것이 필수적이다. 그러기에 당신은 그들에게 도움을 줄 수 있는 준비가 되어 있어야 한다.

이 책은 이런 사람들을 도와줄 수 있는 방법을 알려 준다. 마귀에 맞서는 것은 우리를 인간 마음의 복잡성, 문화적 영향의 복잡성, 그리고 대적이 지닌 복잡성이라는 깊고 어두운 물속에 빠져들게 한다. 우리는 어떻게 하면 잘 싸울 수 있는지, 어떻게 예수 그리스도로 무장하고, 그분이 어둠의 세력을 격파하신 빛의 무기들을 장착할 수 있는지를 배워야 한다.

이제 우리 함께 예수 그리스도 그분 자체인 목회자적 지혜를 가지고 어둠에 맞서 보자!

차례

서문

1부 | 영적 전쟁이란 무엇인가?

　1장 영적 전쟁의 실체 — 21

　2장 바울은 영적 전쟁을 어떻게 바라보았는가 — 32

　3장 하나님의 무기와 부르심 — 42

2부 | 영적 전쟁의 현실 속에서 살아가기

　4장 개인 사역을 위한 능력 그리고 지침 — 61

　5장 일상의 전장에서 싸우기: 분노, 두려움, 현실 도피 — 71

　6장 죽음의 그림자와의 전투 — 82

　7장 주술과의 충돌 — 89

　8장 애니미즘과의 전투 — 98

　9장 한 사람에게 집중하는 영적 전쟁 — 103

　10장 마지막 전투 — 110

부록 | 예수님의 사역 방식과 우리의 사역 방식 — 121

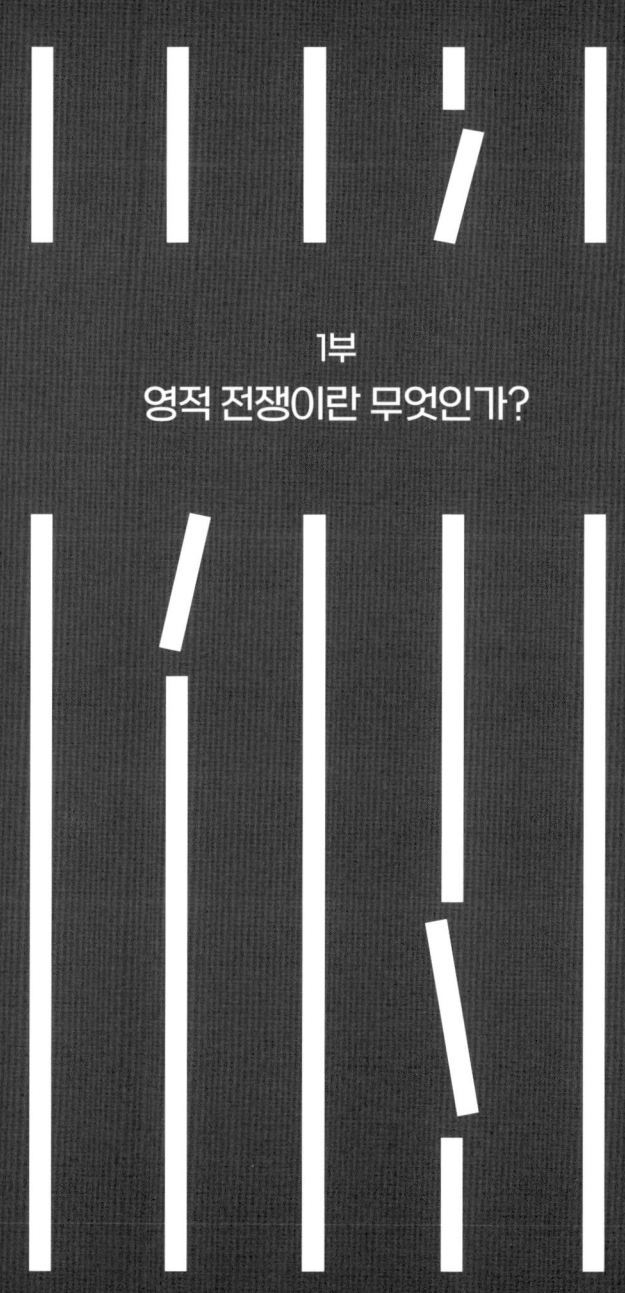

1부
영적 전쟁이란 무엇인가?

1장
영적 전쟁의 실체

해리와 키샤는 당신과 같은 교회에 다니는 부부다. 해리는 사탄의 존재를 믿지 않는다. 그렇다고 하나님을 진심으로 믿는 것도 아니다. 해리는 모든 것이 자기 자신에게 달려 있다고 여겼다. 외부의 영적 세력은 믿지 않았고 자신이 결정하는 선택들만이 존재할 뿐이었다. 지금 이 순간 그는 바람을 피우고 있고 10년을 함께 살았던 아내 키샤와 헤어지기로 결심했다. 해리는 아내를 떠날 수 있도록 허락해 달라고 당신에게 요구하고 있다.

조는 당신을 만나 그의 아내 로라가 조 안에 중독의 마귀가 들어 술을 너무 많이 마시는 것이라 믿는다고 이야기한다. 로라는 종종 조 안에 있는 마귀를 쫓아내는 기도를 한다. 처음에는 조도 로라의 기도 덕에 자신의 술 문제를 해결할 수 있을 것이라 생각했다. 잠깐 동안은 술을 먹는 것을 좀 더 자제할 수 있었다. 하지만 시간이 지나면서 똑같은 상황이 되풀이되었다. 조는 여전히 술을 너무 많이 마신다. 그는 진짜 자기 속에 중독의 마귀가 있는지, 아니면 아직 제대로 된 기도 방법을 찾지 못해서 그런 것인지 궁금해한다.

케이틀린은 얼마 전 그리스도인이 되었다. 크리스천 가정에서 자라면서 예수님에 대해 배웠지만 결국 자신의 길로 떨어져 나가 버렸다. 그녀는 결혼해서 세 아이의 엄마가 되었고 1년 전에 예수님을 영접했다. 지금 남편 톰은 그녀가 아이들을 데리고 교회를 나가는 것에 강하게 반대하고 있다. 케이틀린은 어떻게 해야 할지 몰라 당신에게 조언을 구하러 왔다.

스테이시는 크고 작은 모든 문제를 마귀의 소행으로 본다. 한 번은 컴퓨터에서 귀신을 내쫓으려 한 적도 있다. 그녀는 컴퓨터 바이러스도 마귀의 짓이라고 확신했다. 그녀가 잘못 선택하는 것도 사탄이 항상 자신을 이기기 때문이라고 뒤집어 씌웠다. 그녀의 말로 표현하자면 "마귀가 나에게 그렇게 하라고 시켰어요"라고 진심으로 믿고 있다.

***

만약 당신이 해리, 조, 케이틀린, 스테이시의 상담자라면 무슨 말을 해주겠는가? 그들의 삶에 일어나고 있는 영적 전쟁과 그들이 맞서고 있는 보이지 않는 대적에 대해 이야기하겠는가? 아니면 자연스럽게 좀 더 구체적이고 쉽게 설명할 수 있는 요인들, 요컨대 심리학적 역학, 사회적 영향, 혹은 심리학적 정황에 대해 이야기하는 쪽을 선택하겠는가? 기묘한 어둠의 힘은 한 개인의 삶 속에서 더 이해하기 쉬운 요인들과 어떻게 맞아 들어가는가? 어쩌면 이해하기 쉬워 보이는 이러한 요인들이 사실은 환상과 망상의 앞잡이와 함께 작용하기 때문에 우리가 생각하는 것보다 훨씬 더 규정하기 어려운 것일 수도 있지 않을까?

해리의 경우를 살펴보자. 그는 하나님과 사탄 둘 다 믿지 않지만 사실은 자신이 누구를 섬기고 있는지, 무엇이 진정한 행복을 가져다주는지에 대해 사탄이 하는 거짓말의 손아귀에 사로잡혀 있다. 주위 세상에서 오는, 그리고 자신의 욕망으로 비롯된 거짓말, 즉 어둠의 제왕이 불어넣는 거짓말에 어떻게 영향을 받고 있는지 고려하지 않은 채 그가 하는 선택들을 완전히 이해할 수 있겠는가? 그렇다면 케이틀린은 어떤가? 그녀가 현재 당면하고 있는 영적 전쟁에 대한 이해 없이 그리스도인과 관련된 모든 것을 증오하는 남편을 진심으로 이해할 수 있을까?

스테이시의 상황을 보자. 마귀를 모든 사건의 '주인공'으로 내세울 때 뭔가 제대로 알고 하는 소리인가? 모든 잘못된 일에 사탄이 개입했다는 식으로 설명하는 것이 가장 심도 있고 중요한 접근인 것 마냥 초반부터 마귀에 대한 대화를 꺼내는 것이 옳은 일일까? 어쩌면 조의 아내 로라는 그의 문제를 복잡하고 기이하면서 특히 더 까다로운 문제에만 적용되는 "간극의 악마"("간극의 신" 혹은 "틈새의 신"이라는 표현에서 따온 말로 현대 과학 기술로 설명할 수 없는 부분, 즉 틈새에 신이 존재한다고 하는 견해를 말하는데, 여기에서는 '신' 대신 '악마'를 써서 이성적으로 설명할 수 없는 부분을 '악마의 영역'이라고 표현한 것이다―역주)로 간주하는 것이 타당할지도 모른다.

우리가 속해 있는 전투에서 마귀의 역할을 도대체 어떻게 이해할 수 있단 말인가!

이런 질문들은 다루기가 매우 어렵다. 이 세상에서 악의 수장 Evil One이 하는 역할을 생각할 때 우리는 잘못된 길로 들어서기 쉽다. 이 책의 1부에서는 성경을 통해 이러한 질문들에 어떻게 지혜롭게 답할 수 있는지 살펴볼 것이다. 아마 마귀에 맞서는 방법에 대해 가장 확실하게 표현하는 말씀은 에베소서 6장 10-20절일 것이다. 빛과 어둠의 충돌에 맞서 우리가 어떻게 준비해야 하는지 알려 주는 고전적인 구절이다. 이 책에서 우리는 중점적으로 이 구절을 풀어놓고 마귀와 맞서 싸울 수 있도록 하나님이 우리에게 주신 전신갑주를 하나하나씩 장착하게 될 것이다. 2부에서는 여러 가지 다른 전투를 치르고 있는 사람들의 사례 연구를 통해 영적 전쟁이 실제 삶에서 어떤 모습으로 나타나는지 알아볼 것이다.

그럼 이제 성경이 영적 전쟁에 대해서 어떻게 가르치고 있는지부터 시작해 보자.

영적 전쟁에 대해 성경적으로 생각하기

사실 **영적 전쟁**이라는 용어는 성경에 등장하지 않는다. 이는 그리스도인 삶의 중심부에서 일어나는 갈등을 묘사하기 위해 만든 목회 신학적 용어다. 선하고 성경적이면서 현실적인 근거로 그리스도인들은 삼중의 도덕적 원수, 즉 세상, 육, 마귀와 대면하고 있음을 언제나 인지해 왔다. 이 삼인조 위에는 죽음의 그림자이자 죽음 그 자체인 궁극적 대적이 도사리고 있다. 성경은 이 모든 원수가 세상의 군주인 사탄에 의해 지배당하고 있다고 가르친다.

성경에 이 용어가 나오지는 않지만, 영적 전쟁을 성경적으로 이해하는 네 가지 방법이 있다.

첫째, 영적 전쟁은 주님과 그의 원수들 간에 일어나는 서사적인 전투에서 주님의 편에 서는 것을 은유적으로 표현한 것이다. 당신의 내담자도 어느 한 편에 선다. 크리스천 목사, 상담가, 그들의 친구로서 당신의 목표는 빛의 자녀들이(엡 5:8) 다시 어둠 속으로 꾀임을 받지 못하도록 막고, 남은 인류를(엡 2:3) 어둠에서 빛으로 인도하는 것이다.

둘째, 영적 전쟁은 선악을 구별하는 도덕적 싸움이다. 이는 당신이 누구인지, 무엇을 믿고 있는지, 또 어떻게 살고 있는지 전반에 걸쳐 일어나는 갈등이다. 어떤 형태든지 또 그 원인이 무엇이든지 간에―사탄의 악의에는 다양한 원인이 혼재되어 있다―우리가 겪는 고난은 어둠의 소굴에 빠질 것인지, 아니면 빛 가운데 설 것인지 선택해야 하는 상황을 만든다. 그 둘 중에 하나를 선택하면 전쟁은 끝이 난다. 예를 들어, 사탄은 욥의 자녀들을 죽음으로 몰아넣었고, 그의 부를 앗아갔으며, 질병으로 몸을 무너뜨리고, 그의 아내가 악한 조언을 하도록 선동했다. 하지만 궁극적으로 영적 전쟁은 욥의 영혼의 충성심을 보이기 위함이었다. 욥은 도덕적 선택을 해야 했다. 누구를 섬길 것인가? 누구를 자신의 목자로 따를 것인가?

성경의 또 다른 곳을 살펴보면, 야고보서는 마음속에 일어나는 도덕적 갈등에 초점을 맞추고 있다. 야고보는 인간 마음속에 있는 두 가지 동력, "나는 …이다"와 "나는 원한다"(약 3:13-4:12)에 초점을 맞춘다. 야고보는 사람 간에 생기는 다툼을 예로 들어, 어떻게 "내가 신이다"라고 여기는 자만심이 "내 뜻대로 할 거야"라는 마음으로 이어지는지를 보여 준다. 뿐만 아니라 이런 마음은 "다른 사람들이 얼마나 희생을 하든 내 뜻이 먼저 이뤄져야 한다"라는 사고방식으로 이어진다. 또한 야고보는 사탄이 어떻게 우리 자신의 마음—야고보는 이를 "육"이라 칭한다—과 상호작용하는지 강조하고 있다. 사탄의 거짓말과 왜곡은 혼돈의 한 부분이지만 회개와 겸손으로 하나님 앞에 나아가면 마귀는 줄행랑을 칠 것이다(약 4:7). 사탄이 인간의 마음속에서 고소할 거리를 찾는 행위는 하나님께 순복하고 대적에 저항하며 우리의 마음을 겸손히 할 때 끝이 난다.

셋째, 영적 전쟁은 그리스도인의 삶 속에 일어나는 투쟁의 동의어로 쓸 수 있다. 지금 일어나고 있는 사건에 사탄이 관여하고 있다고 해서 특별한 통찰력이나 특별한 기술이 발동하지는 않는다. 이는 모두 하나의 전쟁이다. 그리고 모든 악한 어둠의 투쟁에는 사탄이 자신의 지문을 남긴다.

넷째, 영적 전쟁은 나의 주인을 선택하기 위한 전투다. 영적 전쟁의 중심에는 우리가 누구를 섬길 것인가를 놓고 벌어지는 전투가 있다. 우리는 누구의 형상을 따라 만들어졌는가? 자신의 양 떼를 위해 목숨을 내려놓는 선한 목자를 닮아갈 것인가? 아니면 점점 더 거짓말쟁이며 파괴자인 사탄처럼 되어갈 것인가? 이 전투는 삶의 모든 영역에 걸쳐 나타난다. 단순히 이상하고 기묘한 순간에만 나타나는 현상이 아니라 매일의 삶의 모든 순간에 우리는 누구를 섬길 것인가를 두고 전투를 벌이고 있다.

요약하자면, 성경은 영적 전쟁을 그리스도인의 삶에 일어나는 당연하고 일상적인 것으로 다루고 있다. 그렇기 때문에 우리도 그렇게 받아들여야 한다. 어떤 오싹한 특수 효과를 말하는 것이 아니다. 영적 전쟁은 대적을 앞에 두고 우리가 어떻게 생각하고, 느끼고, 살아가고, 원하고, 행동하는지에 관한 것이다. 모든 이의 삶과 성경 전체를 관통하는 궁극적인 질문은 다음과 같다. 누가 당신의 목자가 될 것인가? 당신은 선하신 하늘의 하나님에 의해 이끌릴 것인가, 아니면 거짓말쟁이며 살인자인 사탄에 끌려갈 것인가?

그리스도인들은 종종 우리가 사는 세상, 특히 우리 자신의 삶 속에서 사탄이 실제적으로 어떤 역할을 하는지 몰라 혼란스러워한다. 하지만 하나님의 말씀은 명확하고 확실한 방향을 제시한다. 이제 우리 대적에 대해, 또 그가 어떤 꿍꿍이를 가지고 있는지에 대해 좀 더 자세하게 알아보자.

사탄의 실체

성경은 절대로 사탄, 그리고 하나님의 사람에 대적하는 악한 무리의 세력을 무시하지 않는다. 악의 수장이 주인공은 아니지만 뭔가 특이하게 이상하거나 악한 일이 일어날 때만 나타나는 존재도 아니다. 실제 마귀는 지극히 정상적이고 그 역할은 일상의 삶과 완전히 연합되어 있다. 일상적인 악이야말로 악마의 소관이다.

이와 동시에 성경은 사탄과 그의 활동을 절대 가장 중요한 위치에 놓지 않는다. 하나님은 사람, 그분과 우리와의 관계, 우리 서로 간의 관계를 최우선 자리에 놓으신다. 그러고는 이따금씩 우리가 잊어버리지 않게 커튼을 살짝 열고 "그런데 말이야"라고 하시며 무대 뒤에서 어떤 일이 일어나고 있는지 언뜻 보여 주신다.

요한복음 8장에서 예수님은 자신을 배척하는 종교지도자들에게 말씀하시면서 사탄이 누구인지, 또 무슨 일을 행하는지 매우 명확하게 묘사하신다.

어찌하여 내 말을 깨닫지 못하느냐 이는 내 말을 들을 줄 알지 못함이로다 너희는 너희 아비 마귀에게서 났으니 너희 아비의 욕심대로 너희도 행하고자 하느니라 그는 처음부터 살인한 자요 진리가 그 속에 없으므로 진리에 서지 못하고 거짓을 말할 때마다 제

것으로 말하나니 이는 그가 거짓말쟁이요 거짓의 아비가 되었음이라_요 8:43-44

이 본문 말씀은 사탄의 정체성, 목적, 행위, 동기, 그리고 의도의 핵심적인 측면을 압축해서 말해 준다. 사탄은 의도적으로 악을 행하고 나쁜 짓만 일삼는다. 사탄은 우리가 쫓아오기를 바라는 욕망을 가지고 있다. 그는 아비이며 자녀를 생산한다. 그리고 자신의 자녀들을 악으로 키운다. 예수님은 이것이 새로운 개념이 아니라는 점을 지적하신다. 예수님은 창세기 3장으로 거슬러 올라가 뱀의 거짓말에 의해 인류가 죽게 되는 장면에서부터 사탄의 거짓의 기원을 말씀하신다.

사도 요한은 그의 첫 번째 편지 전반에 걸쳐 육, 세상, 마귀의 상호활동을 논하면서 이 문제를 간결하고 함축적인 한 문장으로 요약한다. "온 세상은 악한 자 안에 처한 것이며"(요일 5:19). 요한은 모든 상황에서 으스스하게 귀신을 보는 것을 말하고 있지 않다. 우리가 봤듯이, 인간의 삶은 빛과 어둠, 선과 악, 진리와 거짓, 삶과 죽음 사이에 벌어지는 전투로 규정된다. 마귀는 어둡고 악하고 거짓된, 그리고 생명을 앗아가는 것 모두를 함축한다.

이와 비슷하게, 사도 바울도 자신이 쓴 모든 편지에 이와 같은 상호활동에 대해 썼으며 에베소서 2장 1-3절에서 이에 대해 가장 예리하게 지적했다.

그는 허물과 죄로 죽었던 너희를 살리셨도다 그 때에 너희는 그 가운데서 행하여 이 세상 풍조를 따르고 공중의 권세 잡은 자를 따랐으니 곧 지금 불순종의 아들들 가운데서 역사하는 영이라 전에는 우리도 다 그 가운데서 우리 육체의 욕심을 따라 지내며 육체와 마음의 원하는 것을 하여 다른 이들과 같이 본질상 진노의 자녀이었더니

베드로는 베드로전서에서 사탄을 살인자로 규정하신 예수님의 말씀을 다루는데, 여기서 그는 사탄이 외부의 세력으로부터 비롯된 고통과 억압을 경험하는 것을 중심으로 역사한다고 설명한다. 도덕적 유사성의 문제는 여기에도 존재하지만, 그 맥락은 사탄의 살인마적인 위협과 의도에 맞설 때 어떻게 신앙을 유지하는가에 있다. 베드로는 어떻게 세상의 사탄이 우는 사자처럼 하나님의 사람들을 삼키고 짐승 같은 힘으로 믿음을 파괴하려 하는지 강조하고 있다(벧전 5:8).

이러한 본문들을 통해 우리는 사탄이 어떻게 죄, 고통, 죽음에 얽힌 일상의 문제에서 근본적이고 은밀한 역할을 하고 있는지 살펴보았다. 그러나 다시 한 번 언급하지만 성경은 이 거짓말쟁이와 살인자를 사역의 중심에 놓으라고 가르치지 않는다. 사람들, 그리고 그들과 하나님과의 관계가 핵심이다. 그러므로 마귀에 대해서 언급은 하되 그에 대해 너무 많은 말을 하지 않기를 바란다. 당신이 사탄에 주위를 기울이는 방식은 다른 영향을 미치는 요소

들, 요컨대 신체적 문제, 이력, 문화와 또래의 영향, 상황적 스트레스 요인, 그리고 고통에 관심을 갖는 방식과 유사하다. 이러한 요소들은 혼재되어 있지만 도덕적으로 반응하는 한 개인이 언제나 중심에 있어야 한다.

이제 에베소서에 대해 더 깊이 알아보고자 한다. 바울은 이 편지에서 거짓과 간계로 세상에서 역사하는 사탄의 행위를 강조하고, 그 거짓말에 어떻게 맞서야 하는지 알려 준다. 앞으로 보게 되겠지만 이는 단순히 방어적인 태도를 말하는 것이 아니다. 주도적인 저항을 위한 부르심이다.

2장
바울은 영적 전쟁을
어떻게 바라보았는가

우리 모두는 하나님의 형상을 닮은 자로서 풍부한 상상력을 가지고 있다. 그래서 앞으로 다가올 사건에 대해 생각하면, 그 사건이 어떤 식으로 나타날지 마음속에 그려 보는 연상작용이 일어난다. 예를 들어 눈이 올 것이라는 예보가 있을 때, 그것을 바라보는 시각은 사람마다 다르다. 어떤 사람은 삽으로 눈을 치우고 어렵사리 차를 빼내서 출근해야 하는 귀찮은 일을 연상할 수 있다. 하지만 아이들은 다르다. 아이들은 신나고 행복하며 학교에 가지 않아도 되고 늦잠도 자고 썰매도 타는 그림을 그린다. 나는 하와이에서 자랐기 때문에 눈보라는 내게 특별한 선물이자 커다란 기쁨이었다.

이와 마찬가지로 우리가 영적 전쟁을 바라보는 시선은 그리스도인으로서 우리의 삶을 어떻게 생각하는지에 영향을 미친다. 또한 다른 사람들을 상담하는 방식에 영향을 준다. 어떤 그리스도인들은 영적 전쟁을 마치 귀신이 나오고 기이한 특수 효과가 깔린 공포 영화쯤으로 여긴다. 심지어 우리가 속한 전쟁에 대해 생각조차 하지 않는 이들도 있다. 이들은 우리의 충성심을 얻기 위해 안간힘을 쓰는 악하고 교묘한 세력에 대항하고 있는 현실을 모른 채 살아간다.

에베소서에서 바울은 두려움과 무관심의 정반대가 무엇인지 보여 준다. 1장에서 우리는 성경을 통해 영적 전쟁을 이해할 수 있는 네 가지 방법에 대해 살펴보았다. 지금은 이를 토대로 영적 전쟁을 어떻게 받아들여야 하는지 바울이 제시하는 네 가지 핵심 진리들을 자세하게 알아볼 것이다. 이 진리들은 영적 전쟁과 하나님의 전신갑주에 대한 우리의 오해를 해소시켜 줄 것이다. 다음으로 "주 안에서와 그 힘의 능력으로 강건하여"지는 것이 어떻게 영적 전쟁에 대한 부분까지 포함하여 에베소서 전체를 아우르는 주제가 되는지 알아보도록 하자.

다음은 우리가 다음 두 장에 걸쳐 다루게 될 에베소서 6장 10-20절 말씀 전문이다.

[10]끝으로 너희가 주 안에서와 그 힘의 능력으로 강건하여지고 [11]마귀의 간계를 능히 대적하기 위하여 하나님의 전신 갑주를 입으라 [12]우리의 씨름은 혈과 육을 상대하는 것이 아니요 통치자들과 권세들과 이 어둠의 세상 주관자들과 하늘에 있는 악의 영들을 상대함이라 [13]그러므로 하나님의 전신 갑주를 취하라 이는 악한 날에 너희가 능히 대적하고 모든 일을 행한 후에 서기 위함이

라 ¹⁴그런즉 서서 진리로 너희 허리 띠를 띠고 의의 호심경을 붙이고 ¹⁵평안의 복음이 준비한 것으로 신을 신고 ¹⁶모든 것 위에 믿음의 방패를 가지고 이로써 능히 악한 자의 모든 불화살을 소멸하고 ¹⁷구원의 투구와 성령의 검 곧 하나님의 말씀을 가지라 ¹⁸모든 기도와 간구를 하되 항상 성령 안에서 기도하고 이를 위하여 깨어 구하기를 항상 힘쓰며 여러 성도를 위하여 구하라 ¹⁹또 나를 위하여 구할 것은 내게 말씀을 주사 나로 입을 열어 복음의 비밀을 담대히 알리게 하옵소서 할 것이니 ²⁰이 일을 위하여 내가 쇠사슬에 매인 사신이 된 것은 나로 이 일에 당연히 할 말을 담대히 하게 하려 하심이라

첫째, 에베소서 6장 10-20절이 전혀 새로운 주제를 소개하고 있는 것이 아니라는 사실을 기억해야 한다. 바울은 이 본문을 "끝으로"라는 말로 시작하고 있는데, 이를 통해 마지막으로 편지의 내용을 요약하려고 함을 알 수 있다. 이 본문에서 바울은 지금까지 말해 왔던 것을 아우르고 느낌표를 찍는다. 다음은 에베소서 전체를 꿰고 이 결론 부분의 정점에 이르게 하는 여섯 가지 핵심 요소다.

- 예수 그리스도가 주님이시다. 에베소서 전반에 걸쳐 바울은 우리가 어떻게 하나님의 은혜로 그의 아들의 자비, 능력, 사명을 받았는지 보여 준다. 영적 전쟁의 중심에는 마귀가 아닌 예수 그

리스도가 계신다.

- 하나님은 강하고 자비로우시다. 바울은 반복적으로 어떻게 하나님의 생명 주시는 힘이 우리 안에서 역사하는지 단언했다(1:19; 2:5, 10; 3:16-20).
- 악한 영적 세력, 즉 마귀, 육, 세상은 활발하게 활동 중이다. 바울은 이미 편지 전반에 걸쳐 이 어둠의 삼인조라고 부르는 것에 대해 언급했고, 그것이 어떻게 서로 시너지를 내며 역사하는지에 대해 썼다. 또한 그는 이미 전우주적인 권세(1:21; 3:10)와 세상을 사로잡은 죽음의 손아귀, 타락한 마음의 악과 어둠(2:1-3; 4:17-19), 우리가 마귀의 목적에 대적하도록 부르심을 받은 것에 대해 설명한 바 있다(4:27).
- 우리는 어려운 시대에 살고 있다. 바울은 이미 때가 악할 때 주의를 기울이고 지혜 있는 자같이 되라고 권고했다(4:14; 5:3-17).
- 우리는 빛의 자녀로서 걸어가야 한다. 에베소서는 어떻게 믿음, 사랑, 지혜가(1:12-19, 2:8-10; 3:14-6:9) 어리석음과 소외감 그리고 마음이 굳어짐을 대체하는지(2:1-3; 2:11-13; 4:14; 4:17-5:18) 매우 자세하게 설명하고 있다. 전체적으로 봤을 때 에베소서의 핵심은 우리 마음의 충성심을 위해 싸우는 전투에 관한 것이다. 빛의 자녀로 걸어갈 것인가, 아니면 어둠의 자녀로 남을 것인가? 누구의 음성을 들을 것인가? 무엇이 우리의 선택과 관계를 결정지을 것인가? 이것이 바로 바울이 에베소서 전체를 통해 초점을 맞추고 있는 중대한 질문들이다.

- 다른 지체들을 위해 기도해야 한다. 바울은 이미 우리가 가장 필요로 하는 것을 두고 서로를 위해 어떻게 중보기도를 해야 하는지 생생한 일인칭 시점의 예를 들어 설명한 바 있다(1:16-23; 3:14-21).

에베소서에 쓰인 모든 내용은 우리 자신의 내면, 그리고 다른 사람과의 관계 속에서 생기는 어둠과의 충돌에 관한 것이다. 모든 악, 어둠, 죽음을 이기신 그리스도에 대한 메시지가 전체 내용의 핵심이다. 이 모든 가닥들이 그리스도 안에서의 삶을 집약하는 하나의 그림으로 합쳐진다. 영적 전쟁에서 우리는 주님과 어둠 간 벌어지는 우주적 전쟁에 참여하게 된다. 주님은 전사戰士시다. 무기들이 그분의 능력과 하시는 일을 역설한다. 그분의 능력으로 우리는 그분이 하시는 일에 참예할 수 있다. 에베소서 6장 10-20절은 어떻게 이런 일이 일어나는지 보여 준다. 에베소서 6장에서 갑자기 주제가 바뀌는 것이 아니다. 이를 인식하지 못하면 '영적 전쟁'은 주님의 직접적인 가르침과 의도와는 정반대되는 생각과 행동의 만능패(와일드카드)로 변질될 수 있다.

둘째, 영적 전쟁은 그리스도의 몸으로서 다 함께 치러야 한다는 점을 기억해야 한다. 에베소서는 전체적으로 그리스도의 몸에 관한 내용을 담고 있으며, 바울은 하나님의 전신갑주를 다루는 부분에서 갑자기 주제를 바꾼 것이 아니다. 내 친구는 이를 다음과 같이 이야기한다. "자잘한 개개인이 무기를 들고 달려드는 그림을 원하지는 않지." 대신 그리스도의 몸으로 합체하여 전쟁에 맞서는 그림을 그려 보라.

우리 각 사람은 자신의 역할을 담당한다. 개인의 존재를 무시하는 것이 아니라 한 몸으로서 우리의 역할을 한다는 것이다. 바울이 에베소서 4장 27절에서 마귀에게 틈을 주지 말라고 말한 것은 그리스도의 몸 안에서 일어나는 분열을 의미한다. 에베소서는 그리스도와 연합하고 교통하는 것, 그리고 그리스도 안에서 서로 연합하고 교통하는 것에 대한 편지다. 영적 전쟁은 우리와 그리스도, 또 서로 간의 교제를 분열시키고 깨트리는 세력에 맞서는 것이다.

영적 전쟁은 단순히 우리 자신, 또 우리가 하나님과 맺는 관계에 관한 것일 뿐 아니라 우리 주위의 사람들에 관한 것이라고 할 수 있다. 우리가 이 세상, 육, 마귀와 대적할 때 누가 혜택을 보는가? 그렇다. 우리가 맞설 때 하나님이 영광을 받으신다. 그렇다. 우리가 맞설 때 우리가 축복을 받는다. 하지만 우리가 맞설 때 다른 이들도 이득을 얻는다. 우리가 빛의 자녀로 살아갈 때 하나님의 영광의 빛이 어두운 우리 세상을 비춘다. 악에 맞서는 것은 에베소서 4장과 5장에 나오는 "서로 함께하라"라는 본문과 별개의 주제가 아니다. 우리는 "서로 친절하게 하며 불쌍히 여기며 서로 용서하기를 하나님이 그리스도 안에서 너희를 용서하심과 같이 하라"(엡 4:32)는 바울의 부르심대로 살아가면서 악에 맞서고 어둠에 빛을 비출 수 있다.

셋째, 하나님의 "파노플리안"을 올바르게 그려내는 것이 중요하다. "파노플리안panoplion"("파스"[모든]와 "호플론"[무기]이라는 두 단어가 합쳐진 단어―역주)이라는 용어는 일반적으로 "전신갑주whole armor"로 번역된다. 하지만 '무기'라는 말은 잘못된 그림을 연상시키게 할 수 있으며, 실제 이 본문을 주제로 하는 많은 설교들이 잘못된 부분을 강조하고 있다. 우선, 전신갑주는 보호용 무기를 의미하지 않는다. 이는 전투에 나가기 위해 필요한 '모든 것이 갖춰진 무기'를 뜻한다. 일을 성취하기 위한 모든 도구를 가지고 있다는 의미도 있다. 당신은 사명을 감당하는 데 필요한 모든 복장과 장비를 갖추고 있다. 바울은 우리가 마음속에 명확한 그림을 그릴 수 있도록 이 은유를 사용했지만, 흔히 설명하듯이 로마 군인이 입는 갑옷을 염두에 두고 한 말은 아니었다. 바울이 쓴 이미지는 이사야서와 시편에서 비롯된 것이다. 우리가 떠올려야 하는 군인은 로마 백부장이 아닌 거룩한 메시아이신 왕 중의 왕이다. 우리는 인간으로 오시고, 능력으로 오시며, 모든 잘못된 것을 바르게 세우러 오시는 우리 주 하나님을 떠올려야 한다.

넷째, 영적 전쟁은 방어하는 것만이 아니라 공격을 개시하는 것으로 보는 것이 중요하다. 이 본문에 대해 흔히 하는 설교는 각각의 무기의 방어적인 측면을 떠올리게 한다. 하지만 성경은 어두운 세상의 권력자를 전복시키는 주님을 묘사하기 위해 이 이미지를 사용하고 있다. 그리스도는 겸손한 자들에게 자비를 주시고 교만한 자들에게 혼란을 주시기 위해 오셨다. 바울은 어떻게 방어적인 태도를 유지해야 하는지를 설명하고 있는 것이 아니다. 주님이 인간으로 오셨을 때 그분은 이미 주도권을 잡으셨다. 주님은 방어적인 태도를 취하지 않으신다.

영적 전쟁은 주님이 그분의 대의를 위해 우리를 영입하시고 전투에 참여할 수 있게 준비시키실 때 일어난다. 빛이 어둠을 침공하는 것이다. 사람들은 종종 영적 전쟁을 떠올릴 때 '나는 공격 당했어'라고 생각한다. 그것도 사실이다. 사탄은 확실히 자신만의 교활한 방식으로 우리를 사로잡으려 한다. 하지만 우리 또한 하나님의 침노하는 군대로서 공격을 개시하여 어두운 세상에 빛을 가져다준다. 빛의 자녀, 빛의 군대, 빛의 종이 공격을 개시하고 있는 것이다.

고린도후서에서 바울은 자신이 겪은 모든 고초를 언급하면서도 그가 "의의 무기를 좌우에 가지고"(고후 6:7) 있다고 이야기한다. 바울은 전쟁에 출전하고 있다. 단순히 전쟁이 그에게 다가오고 있는 것이 아니었다. 그렇다면 그가 싸우기 위해 갖춘 무기는 무엇인가? 겸손, 사랑, 진리, 용기, 신실함, 선함, 그리고 지혜였다. 매우 별난 무기들이지 않은가? 마귀를 내쫓기 위해 특별한 말이나 기도문에 의존하는 것이 오히려 더 쉬울 수 있다. 하지만 영적 전쟁을 위한 진짜 전략은 훨씬 더 어렵지만 훨씬 더 효과적이다. 예수님이 이 어두운 세상에 오셔서 싸우셨던 것처럼 우리도 싸우면 된다. 그분은 빛의 주님이시며 어두운 세상에 그의 사랑의 빛을 가져다주라고 우리에게 요청하신다.

하나님의 능력

그럼 이제 어떻게 주님의 능력과 목적이 그분의 완전히 갖추어진 무기로 구현되는지 살펴보도록 하자. 에베소서 6장 10절은 전체 본문의 요점이다. "끝으로 너희가 주 안에서와 그 힘의 능력으로 강건하여지고." 당신은 그리스도의 능력이 필요하다. 바울은 이 구절에 이어 무기를 은유로 들어 우리에게는 외부로부터 부여되는 힘, 즉 주님께서 값없이 주시는 능력이 필요하다는 사실을 예리하게 지적하고 있다. 그분의 자비로운 능력이 그리스도를 살리셨고 이제 우리 안에 역사하신다(1:17-19). 그분의 능력을 통해 우리가 그리스도와 합해지고 선한 일을 위하여 새로 지으심을 받았다(2:5-10). 그분의 능력으로 바울은 만민에게 복음을 전하는 사역자가 되었다(3:7-10). 그리고 그분의 능력이 우리 속사람을 강건하게 하신다(3:16-21).

에베소서 1장에서 3장까지의 요점은 우리를 위한, 그리고 우리 안에 임하시는 그리스도의 능력이다. 4장부터 6장의 핵심은 그분의 능력으로 우리가 어떻게 가치 있는 삶을 살 수 있는가에 있다. 바울은 우리에게 주님의 능력만이 선함의 근본이 됨을 강력하게 상기시키면서 편지를 마무리한다. 그분은 우리가 밖으로 나아가 그리스도인의 삶을 살 수 있는 능력을 주신다. 영적 전쟁은 믿음, 겸손, 사랑, 선함, 용기, 지혜의 삶을 살기 위한 능력을 찾는 것을 의미한다. 또한 이러한 것들에 거세게 대항하는 어두운 악의 세력을 대적하는 것을 뜻한다. 그리고 그리스도가 그러셨듯

자비의 목적을 가지고 우리의 삶을 살아갈 수 있는 능력을 의미하기도 한다. 그리스도를 통해 하나님이 우리를 용서하셨듯이 다른 이들을 용서할 수 있는 능력을 뜻한다. 또한 그분이 우리를 사랑하시고 우리를 위해 자신을 내어주신 것처럼 사랑 안에서 걸을 수 있는 능력을 의미한다. 이것이 우리의 발걸음이고 전쟁이다. 이것이 당신을 향한 그리스도의 부르심이다. 그리고 바로 이것이 당신이 교제하고 멘토링하는, 그리고 양육하고 상담하는 모든 남녀노소를 위한 그분의 부르심이다.

에베소서 6장 10절은 편지 전체의 내용을 한 절로 집약한다. 그러고 나서 바울은 강력한 이미지를 사용해 핵심을 강조하여 말한다. 군대의 주님이 어둠과의 전쟁에 계시니 당신 또한 전쟁 중에 있다. 당신은 한때 어둠이었으나 이제 빛이 되었으니 빛의 자녀로 나아가라. 하나님의 능력은 빛의 전신갑주다(엡 6:11-13; 롬 13:12-14 참고). 그 능력을 나타내는 각각의 무기가 당신이 전쟁에 참전할 수 있도록 무장시켜 준다(엡 6:14-17). 악의 힘은 강하다. 무너진 인간 삶의 잔해가 이에 대한 끔찍한 증거다(2:1-3; 4:17-19, 22). 하지만 결국 악과 거짓은 하나님의 능력과 진리로 깨지게 될 것이다. 그리스도를 통해 하나님의 능력은 모든 어둠의 통치자, 권세, 악의 우주적 힘과 영적 세력을 치고 승리할 것이다. 종국에 우리는 그분과 함께 설 것이며 우리의 대적은 모두 무너질 것이다.

3장
하나님의 무기와
하나님의 부르심

이제 우리는 영적 전쟁이 모든 그리스도인의 삶 속에서 일어나는 일상적인 부분임을 제대로 바라볼 수 있게 되었다. 이런 삶 속에서 그리스도는 우리가 악에 맞서 싸울 수 있도록 우리를 무장시키신다. 그렇다면 각각의 무기에 대해 좀 더 자세히 알아보자. 무기들을 하나하나씩 살펴보고 바울이 인용하는 성경 구절들을 생각해 보면 하나님이 무엇을 위해 우리를 부르시는가에 대한 일관적인 그림을 그릴 수 있을 것이다. 영적 전쟁은 주님을 우리의 힘과 방패 삼아 어둠을 향해 전쟁을 선포하고 공격하는 것이다. 처음 네 가지 무기는 악의 능력에 맞서 싸우라는 부르심을 적은 긴한 문장에 등장한다.

"그런즉 서서 진리로 너희 허리 띠를 띠고"(6:14a). 이는 바울로서는 매우 흥미로운 시작이라고 할 수 있다. 예수님 안에 있는 진리, 즉 바울이 에베소서 전반에 걸쳐 이야기하고 있는 이 진리는 인간의 경험과 상상 밖에 있는 영역이기 때문이다. 이러한 진리는 누구도 꾸며낼 수 없다. 너무 좋아서 믿을 수가 없는 사실이다. 그리스도가 죄인을 위해 죽다니! 그리스도는 하나님의 능력으로 다시 부활하셨다. 우리는 그분 안에서 생명을 얻었고 그분과 함께 부활했다. 하나님은 그분의 백성들과 함께 거하신다. 에베소서의 핵심은 바로 예수 그리스도를 계시하는 것이고 이 계시를 통해 모든 것을 하나로 엮는다. 우리는 우리 자신을 그리스도께 묶는다. 마치 허리띠가 우리를 함께 묶어 주는 것처럼 그리스도와 그분의 구원 사역에 대한 진리가 우리를 뭉치게 한다. 깨지고 십자가에 달려 죽기까지 낮아지신 그리스도는 죄와 죽음과 무덤을 이기셨다. 이러한 진리의 허리띠는 당연히 가장 먼저 등장해야 한다. 만약 그리스도가 부활하지 않으셨다면 믿음은 아무 쓸모가 없게 되고, 우리는 여전히 죄 가운데 거할 것이며, 어둠이 승리하게 되었을 것이다. 하지만 그리스도가 진리라면 모든 오래된 율법과 통치자들은 전복된다. 죽음과 도덕적 어둠이 패배하고 모든 악한 것들이 거짓이 된다. 그리스도는 진리다. 그리고 사랑 안에서 이 진리를 선포함으로 우리는 성장한다(4:15).

바울은 어디에서 허리띠 이미지를 인용한 것일까? 이사야서 11장 5절에서 직접적으로 그 은유를 가져왔다. 이사야서 11-12장에는 메시아가 오실 것이라는 약속의 말씀과 그 약속이 성취되었을 때의 기쁨의 노래가 나온다. 다윗의 혈통으로부터 구세주가 일어나실 것이며, 그분은 측량할 수 없는 성령님의 지혜로 가득할 것이다. 또 그분은 현재 고통과 죽음을 야기하는 포식자들이 지배하는 이 땅을 침노하실 것이다. 그분은 방어적 태세를 하고 계시지 않는다. 온순한 자들에게는 공의와 자비를, 하나님을 믿지 않는 자들에게는 파괴를 가져다주실 것이다. 우리는 예수 그리스도를 진리의 허리띠를 띤 자로 인정한다. 이사야의 예언은 이루어졌다.

선천적이든 후천적이든 당신과 내담자들은 거짓말로 얼룩지고 굳은살이 박힌 마음을 가지고 있다. 에베소서는 사탄을 거짓으로 우리를 유혹하고 지배하는 거짓말쟁이의 모습으로 조명한다. 바울은 세상의 거짓, 마귀의 거짓, 우리 마음속에 있는 거짓을 지목하고 복음의 진리로 이 모든 거짓에 조목조목 반박하고 있다. 이러한 거짓말은 언제나 하나님, 우리 자신, 그리고 다른 이들에 대한 허위사실이다. 당신은 다른 이들이 이러한 거짓말을 알아내고 그것이 사탄이 자신의 이미지로 우리를 길들이기 위한 시도인 것을 볼 수 있게 도와줄 수 있다. 하지만 우리는 그리스도의 이미지로 재형성되어 가고 있다. 그러므로 우리도 진리의 허리띠를 띠고 지혜의 성령님으로 충만해질 수 있다. 당신과 당신의 내담자는 진리 안에 설 수 있다. 그리고 진리로 자신을 묶고 세상과 육과 마귀의 거짓으로부터 벗어날 수 있다. 진리의 허리띠를 두른다는 것은 매일의 삶에서 그리스도께 의존하는 것을 의미한다. 그분이야말로 길이요, 진리요, 생명이다.

"의의 호심경을 붙이고"(6:14b). 우리는 보통 의의 호심경을 오직 방어와 보호를 위한 것으로만 상상해 왔다. 물론 그리스도의 의가 우리의 중심을 보호해 주기는 한다. 이제 그리스도의 의가 우리 것이 되었기 때문에 우리는 죄인이기에 받아 마땅한 죽음으로부터 보호받는다. 하지만 바울은 우리가 그리스도의 의가 적극적으로 활약하는 모습을 떠올리기 원한다. 그는 예수님이 이 땅에 사시면서 보여 주신 선함, 사랑, 믿음, 겸손을 묘사하고 있다. 이제 우리에게도 있는 이와 같은 의는 우리가 다른 사람들을 대할 때 나타나야 한다. 의로움은 우리와 다른 사람의 관계를 깨뜨리는 미움, 교만, 불신의 정반대이기 때문에 우리를 보호한다.

에베소서 전반에 걸쳐 바울은 의의 단순한 아름다움으로 우리를 초대한다. "빛의 자녀들처럼 행하라 빛의 열매는 모든 착함과 의로움과 진실함에 있느니라 주를 기쁘시게 할 것이 무엇인가 시험하여 보라"(엡 5:8-10). 의로움은 상처를 입히는 거짓된 모든 것들과 겨루는 방법이다. 그리스도의 전투 전략은 옳고 선한 일을 행하며 진실되고 도움이 되는 말을 하는 것이다.

바울은 이 이미지를 이사야 59장 17절에서 가져왔다. 누가 이런 방식으로 자신을 무장하는지 이사야 59장 1-21절은 명확하게 밝힌다. 주님이신 하나님이 의의 호심경을 입고 이 땅에 오신다. 그분만이 모든 잘못된 것을 바로잡으실 수 있다. 이사야 59장은 어둠과 죄악이 통치하는 암울한 세상, 곧 모든 것이 뒤죽박죽인 혼돈의 세상을 보여 준다. 주님의 백성이 고통과 절망에 신음하고 있다. 그 장면 속 그 누구도 상황을 바로잡을 수 없다. 그때 주님이 분노와 자비를 가지고 인간으로 내려오신다. 그분은 대적을 공의로 물리치시면서 죄악으로부터 돌이킨 자들에게 은혜, 즉 성령, 말씀, 구원하시는 자비를 부어 주신다. 하나님은 대적이 공격하기를 기다리지 않으시고 먼저 공세를 취하신다. 이렇게 신성하고 특별한 임무에 대한 문맥에서 벗어나 그 뜻이 왜곡되면 군사적 무기들이 방어용인 것처럼 보인다. 이 무기들은 특별 임무를 수행하는 어떤 한 사람, 즉 공격하시는 예수 그리스도로 구현된다.

그리스도를 보면서 우리는 대적에 맞서고 옳은 일을 하며 건설적인 이야기를 할 수 있다. 예수님의 사명에 동참하는 것이다. 그리고 우리의 내담자들도 그분의 사명에 동참하도록 간절히 권해야 한다. 우리가 건네는 한 잔의 냉수도 의의 행위가 될 수 있다는 것을 상기시켜야 한다. 파괴적이지 않은 어떤 건설적인 말도, 거짓이 아닌 어떤 진실된 말도, 거리를 두지 않고 다리를 잇는 어떤 말도 의로움의 행위가 될 수 있다. 작고 사소해 보이는 것들도 하나님의 왕국에서는 엄청난 파장을 일으킨다. 어떤 형태로든 선한 행위는 성도들을 영적으로 연합하게 하고 관계를 세운다. 의로움이야말로 어둠, 악, 불친절, 증오의 왕국을 몰아내고 세상을 하나님의 사랑의 빛으로 채울 수 있다.

"평안의 복음이 준비한 것으로 신을 신고"(6:15). 유대인과 이방인을 하나님과 또 서로와 화해시키는 평안의 복음은 에베소서 2-3장의 핵심 주제다. 평안의 복음이 있으면 관계가 회복되고, 용서가 분노를 이기며, 상호 간 친절한 공동체가 형성된다. 이 내용은 에베소서 4장 25절부터 5장 2절까지 매우 강력하게 전달된다. 복음은 평화를 만드는 능력을 포함한다.

이 그림은 어디에서 가져온 것인가? 이는 이사야서 52장 7절에 나오는 선명한 은유를 인용한 것이다.

> 좋은 소식을 전하며
> 평화를 공포하며
> 복된 좋은 소식을 가져오며
> 구원을 공포하며
> 시온을 향하여 이르기를 네 하나님이 통치하신다 하는 자의
> 산을 넘는 발이 어찌 그리 아름다운가

평화의 좋은 소식을 전하는 아름다운 발은 누구의 발인가? 이사야서 52장 6-10절을 보면 인간으로 내려오실 주님의 발임을 명확히 알 수 있다. "내가 말하는 자다. 내가 여기 있느니라." 주님께서 위로와 구속을 가지고 시온으로 돌아오시는 모습을 모든 눈이 보게 될 것이다. 이사야서 53장에서는 주님이 어떻게 이 일을 행하실지 알려 준다. 하나님의 어린양이 우리 모두의 죄악을 위해 상하게 될 것이다. 바울은 이사야서와 예수 그리스도를 되짚어 보며 죽음을 이기신 하나님의 어린양을 에베소서에 기록하고 있다. 그분은 구원하시고 통치하시기 위해 오셨다.

예수 그리스도 자체가 세상 끝 날까지 평화의 복음이다. 이

복음의 신발을 신은 인자는 행군 중이다. 일어나 그분과 합류하라. 우리의 내담자들에게는 복음이 필요하다. 이를 듣고 치유하는 과정에서 그들은 복음을 전하는 전달자가 될 것이다.

"모든 것 위에 믿음의 방패를 가지고 이로써 능히 악한 자의 모든 불화살을 소멸하고"(6:16). 우리는 행군하며 앞으로 나아가지만 대적 또한 거세게 대항한다. 우리의 대적은 거짓말하고, 계략을 짜며, 비난하고, 상처를 입히고, 분열시킨다. 그는 당신을 노예로 만들고 결국 죽이려 들 것이다. 에베소서를 통해 우리는 거짓말과 적대감이 관계 속에 나타날 때 어김없이 마귀가 지배하고 있음을 알 수 있다(4:25-27). 우리는 마귀의 목적과 간계에 대적해야 한다(6:11).

방패는 다른 무기들과 달리 이사야서에서 인용하지 않았다. 우리가 거짓말과 적대감의 반격을 당할 때 방어적 역할을 하는 유일한 무기다. 매일의 삶의 현장에서 우리의 방패는 '악한 자의 불화살을 소멸'한다. 이 방패의 이미지는 어디서부터 비롯된 것일까? 이 이미지의 근원은 시편에 있다. 방패란 무엇인가? 적을 만났을 때 주님을 피난처로 삼는 모든 이들에게 주님이 방패가 되어 주신다. 많은 시편에서 우리의 원수는 거짓말쟁이와 살인자로 묘사된다. 그는 주님과 그분의 사람들을 미워하며 마귀의 세속적 형상을 가지고 있다.

시편 18편에는 주님 안에서 보호와 능력을 구하는 믿음의 예가 나온다. 처음에 나오는 구절에서 다윗은 안전한 곳에 대해 그가 떠올릴 수 있는 모든 은유적 표현을 나열한다. 이것이 바로 믿음의 방패를 들고 있는 자의 모습이라고 할 수 있다.

> 나의 힘이신 여호와여 내가 주를 사랑하나이다
> 여호와는 나의 반석이시요 나의 요새시요 나를 건지시는 이시요
> 나의 하나님이시요 내가 그 안에 피할 나의 바위시요
> 나의 방패시요 나의 구원의 뿔이시요 나의 산성이시로다
> 내가 찬송 받으실 여호와께 아뢰리니
> 내 원수들에게서 구원을 얻으리로다

여기에서 주님이 방패 되심을 주목하여 보라. 믿음 그 자체는 방어 능력을 가지고 있지 않다. 하지만 믿음은 우리를 보호하시고 힘주시는 분을 확신을 가지고 바라보게 한다. 이것이 그리스도가 방패를 잡으시는 방법이다. 이것이 또한 그리스도 안에 있는 우리가 그분 옆에 거하고 그 안에서 힘을 얻는 방법이다.

한 가지 더 살펴보자. 메시야는 시편 18편 초반부의 구절들을 선포하며 전장으로 나가고 있다. 그는 방패로 막으며(18:30-31, 35) 적군을 향해 달려갈 수 있는 힘을 얻을 것이다(18:29, 32-42). 심지어 에베소서 6장에 등장하는 '방어용' 무기까지도 마귀를 물리치는 신성한 추격의 일환으로 그려내고 있다. 영적 전쟁은 어둠의 무서운 반격에 맞서는 것을 의미하기도 하지만 빛이 언제나 주도권을 잡는다. 당신과 마찬가지로 당신의 내담자는 약함과 어

둠에 시달린다. 그리고 당신과 똑같이 악에 대항하여 적극적으로 밀어붙이라는 부르심을 받았다. 우리를 괴롭히는 모든 것에 맞서는 전투에 주님이 우리를 앞서 나가신다.

"구원의 투구와"(6:17a). 바울은 마지막 두 가지 무기를 이야기하기 위해 새 문장으로 시작한다. 우리는 태세를 갖추어 왔다. 이제 완전히 복장을 정비하고 무기를 장착한 후 투구와 검을 들고 전장에 출전한다. 우리는 하나님도 없고 희망도 없이 죽어가고, 방황하고, 어두워지고, 일탈하는 사람들에게 구원의 메시지를 전달해야 한다. 이것은 단순히 종이에 쓰인 말이 아니다. 그리스도가 우리를 죽음과 죄에서 구원하셨다. 구원! 구세주! 그분은 길을 잃고 죽어가는 사람들을 위해 인간으로 오셨다. 그분은 우리를 위해 오셨고 그래서 우리는 다른 사람들을 위해 나아간다. 우리는 구원의 투구를 쓰고 구원의 메시지로 살아간다. 바울은 편지 전반을 통해 이 선물 중에 선물에 대해 이야기한 바 있다. 우리가 주님의 능력을 구하면서 첫 번째로 우리 스스로를 묶었던 진리가 무엇이었는가?

> 그 안에서 너희도 진리의 말씀 곧 너희의 구원의 복음을 듣고 그 안에서 또한 믿어 약속의 성령으로 인치심을 받았으니_엡 1:13

그리고 호심경, 신발, 방패는 무엇이었는가? 예수 그리스도가 우리를 죽음, 타락, 마귀로부터 구하신 현실이다.

> 허물로 죽은 우리를 그리스도와 함께 살리셨고 (너희는 은혜로 구원을 받은 것이라)_엡 2:5

죽었던 우리를 성령님이 다시 살리셨다. 그리고 그의 능력으로 믿음을 일깨우셨다. 주님은 모든 선한 이들에게 값없이 선물을 주시고 우리는 감사함으로 이를 받는다. 당신의 내담자는 구원을 통해 받을 수 있는 격려가 필요하다. 그리스도의 구원하시는 사랑만이 썩지 않고 사라지지 않는 불멸의 희망이다. 상담 사역은 하나님의 구원하시는 은혜에 대한 진리로 사람들을 격려하고, 영감을 주며, 동기를 부여하는 것이다.

바울은 투구를 설명하기 위해 다시 이사야서로 돌아간다. 사실 투구는 이사야 59장 17절에서 의의 갑옷(호심경)과 함께 등장한다. 우리가 앞서 이야기했던 모든 것이 또다시 적용된다. 다시 한 번 말하지만 이사야 59장 2-15절의 세상은 암울했다. 현존하는 어둠의 세력이 역력히 드러났다. 하나님의 사람들이 자신들의 죄악으로 인해 압도당했다. 그들은 자신들의 절망스러운 현실에 변화가 필요함을 느꼈다. 주님이 인간으로 내려오셔야만 했다. 우리를 구원하러 오시지 않으면 모든 것을 잃게 될 상황이었다. 그래서 주님은 구원의 전사로 오셨다.

그런데 바울은 의의 무기를 늘어놓으면서 왜 이사야 59장 17절에 함께 나와 있는 갑옷(호심경)과 투구를 분리해서 언급했을까? 추측하건대 무기를 나열하는 원리에 어떤 내적 논리가 있는지 찾아보는 것으로는 답을 얻을 수 없을 것이다. 바울이 주님께서 그리스도 안에서 약속하신 모든 것에 깊이 빠져 있었기 때문에 새로운 논리가 생긴다. 죽음으로부터 구원을 얻는 것은 모든 축복을 합한 것이다. 이사야 59장은 이 위대한 구원 역사의 모든 끝을 하나로 매듭짓는다. 주님은 말씀하신다.

내가 그들과 세운 나의 언약이 이러하니 곧 네 위에 있는 나의 영과 네 입에 둔 나의 말이 이제부터 영원하도록 네 입에서와 네 후손의 입에서와 네 후손의 후손의 입에서 떠나지 아니하리라_21절

오실 그리스도, 우리의 구원자 안에 임재하는 새 언약의 선물, 생기를 불어넣는 성령의 선물, 구원의 말씀의 선물, 이것이 바로 에베소서에 집약되어 있는 말씀이다. 이것이 어둠의 세력에 대항하며 우리가 비추는 빛이다.

마지막에 등장하는 무기는 성령님과 그리스도에 대한 하나님의 구속사적 말씀을 연결 짓는다.

"성령의 검 곧 하나님의 말씀을 가지라"(6:17b). 성경은 하나의 은유를 다각적 측면으로 확장시키는 경우가 많다. 우리가 듣고 생각해 본다면 요점을 이해할 수 있을 것이다. 시편 18편에서 다윗이 어떻게 능력과 안전을 나타내는 열 가지 단도직입적인 단어들을 사용하여 "주는 나의 ~이시오!"라고 고백했는지 기억해 보라. 바울도 에베소서 6장에서 다윗과 같이 생명을 구원하는 전

쟁에서 쓰이는 그리스도의 강력한 무기들을 나열하고 있는 것이다. 우리가 에베소서 6장에서 보는 장면들은 사실 같은 내용을 다르게 표현한 것이다. 그 내용은 우리가 어떻게 주님 안에서 힘을 얻을 수 있는지, 어떻게 빛 가운데로 걸어가는지, 어떻게 진리의 말씀에 반응하는지에 관한 것이다. 바울은 우리가 이 핵심을 깨닫기를 원했던 것이다.

이 마지막 무기는 다시 한 번 이사야서에서 인용한 것이다. 이사야 49장 2절은 신성한 말씀의 무기에 대해 가장 명확하게 언급하고 있다. 이것은 주님의 종, 곧 메시야가 하시는 말씀이다. "내 입을 날카로운 칼 같이 만드시고." 이 칼은 악을 물리치고 평화로운 왕국을 세우는 성령님의 지혜를 표현한다. 이사야 49장 1-13절까지는 앞서 논했던 이사야 11장과 마찬가지로 온 세상에 생명의 빛을 선포한다. 본문은 어머니의 태에서부터 하나님이 이름을 부르신 한 사람의 정체를 밝히고 있다. 그는 영광을 얻을 것이며 그가 하는 일을 통해 하나님이 영광 받으실 것이다. 하지만 그 전에 그의 삶은 아무런 의미가 없어 보인다. 그는 자신의 사람들에게 멸시받고 배척당할 것이기 때문이다. 하지만 종국에는 그가 그들의 구속자임을 증명하실 것이다. 거기에 그치지 않고 그는 온 열방의 구원자가 되실 것이다. 여기서 우리는 또다시 예수 그리스도의 전기를 보게 된다. 이제 우리는 성령의 검을 들고 "이방의 빛으로 삼아 나의 구원을 베풀어서 땅 끝까지 이르게 하는" (49:6) 주님을 선포하라는 부르심을 받았다. 주님 안에서 스스로를 강건하게 하라. 그리고 어둠의 세력이 통치하는 곳으로 나아가라.

그렇다면 우리는 상담을 할 때 어떻게 말씀 속에 나타나신 예수님을 선포할 수 있을까? 설교가 단순히 성경 구절을 짜깁기하여 인용하는 것이 아니듯이, 성경 몇 구절 나누고 내담자를 각자의 길로 내보내는 것은 좋은 상담이라고 할 수 없다. 하나님의 말씀을 나눌 때는 "검"이라는 은유가 마음에 연상시키는 날카롭게 날이 선 지혜가 필요하다. 우리가 상담하는 사람들에게 하는 말은 성경적으로 진리이면서 그들의 현 상황에 적용될 수 있는 것이어야 한다.

상당수의 내담자들은 자신의 현재 상황에 적용할 수 있는 성경 말씀을 들어 본 적이 있을 것이다. 하지만 '효과가 없었기' 때문에 당신 앞에 앉아 있는 것이다. 그들은 설교를 듣고, 성경 공부도 하고, 성경을 읽어 보고, 찬양도 들어봤지만 그 어떤 것도 마음이 와닿지 않았을 것이다. 단순히 이러한 선한 일에 대해서 이야기를 시작하려 한다면 당신 앞에 앉아 있는 사람은 귓등으로도 듣지 않을 것이다.

그렇다고 해서 상담을 할 때 성경을 인용하는 것을 피해야 한다는 의미는 아니다. 우리는 내담자의 삶에 하나님의 말씀으로부터 오는 진리를 선포해야 한다. 어떤 경우에는 직접적으로 인용하기도 하고 또 어떤 때는 다른 말로 바꾸면서 해야 하지만, 항상 그들의 고충을 하나님의 말씀으로, 그리고 진리의 허리띠, 즉 예수 그리스도로 동여맬 수 있도록 주의를 기울여야 한다. 그리고 항상 그들이 뭘 대면하고 있는지, 성령님이 어떻게 그들 안에서, 또 그들을 통해서 일하고 계시는지 귀담아 들어야 한다.

나는 종종 사람들에게 이렇게 묻곤 한다. "당신에게 가장 빛이 되어 준 성경 구절은 무엇인가요? 당신의 삶을 바꾸고 믿음을 심어 준 말씀은 무엇인가요?" 대부분의 경우 어떤 한 사람이 지금 씨름하고 있는 문제는 몇 년이 지났든 처음 믿음을 일깨워 준 것의 연장선에 있으며 그에 대한 적용일 가능성이 크다. 어떻게 하나님의 말씀이 과거에 도움을 주었는지 알게 되면 그것을 시작으로 현재의 삶의 경험과 말씀 사이에 점을 이을 수 있다. 성령님이 이미 하신 일과 그것이 현재 겪고 있는 투쟁에 어떻게 새롭게 적용될 수 있는지를 바탕으로 대화를 이어갈 수 있다.

투구와 검을 들고, **"항상 성령 안에서 기도하고 이를 위하여 깨어 구하기를 항상 힘쓰며 여러 성도를 위하여 구하라"**(6:18). 바울은 주님의 능력을 나타내는 여섯 가지 무기를 설명했다. 이제 무기의 은유는 끝났지만 바울은 계속해서 우리가 능력과 도움을 구해야 함을 피력한다. 성령님의 현존하는 능력을 집중 조명하고 있다. 말씀을 생동하게 하시는 저자가 우리의 믿음도 생동하게 하는 저자가 되신다. 믿음은 다른 이들의 실제적 필요를 위해 중보기도를 함으로 하나님의 진리에 반응한다. 바울은 우리가 주님의 능력, 사랑, 임재를 알게 해달라고 기도했다(1:16-23; 3:14-21). 그는 우리 한 사람 한 사람이 주 안에서 그 힘의 능력으로 강건하여지고(6:10) 주님을 피난처로 삼도록 권면했다(6:16). 이제 개인의 필요가 다른 이들의 필요에 관심을 갖는 것으로 옮겨졌다. 믿음은 폭포수처럼 사랑 안으로 쏟아진다. 우리는 우리와 같이 주님의 진리, 능력, 사랑, 임재, 보호를 필요로 하는 성도들을 위해 기도해야 한다. 그리고 상담을 받는 내담자들은 주님 안에 있는 능력을 얻기 위해 당신의 기도를 필요로 한다. 또한 그들이 사랑하는 사람들도 그들로부터 똑같은 관심을 필요로 한다. 상담 중 나누는 사적인 대화는 "기도하는 일과 말씀 사역"(행 6:4)의 한 가지 방식이다. 우리의 임무는 다른 이들을 깨워 현실을 자각하게 함으로 어둠에 맞설 수 있게 하는 것이다.

바울이 이어서 하는 말은 충격적이다. 그는 서로를 위해 기도하라고 말하면서 자신을 기도를 필요로 하는 사람 일순위에 놓는다.

> 모든 기도와 간구를 하되 … 또 나를 위하여 구할 것은 내게 말씀을 주사 나로 입을 열어 복음의 비밀을 담대히 알리게 하옵소서 할 것이니 이 일을 위하여 내가 쇠사슬에 매인 사신이 된 것은 나로 이 일에 당연히 할 말을 담대히 하게 하려 하심이라_엡 6:18-20

바울도 당신만큼이나 주님의 도우심이 절실했다.

기독교 진리가 가지고 있는 한 가지 멋진 매력은 우리가 위대한 믿음의 사도들과 동일선상에 있다는 것이다(벧후 1:1). 위대한 사도들도 우리와 마찬가지로 절박한 필요를 가지고 있다. 바울은 우리의 형제다. 그도 힘을 얻어 성령의 검을 들고 생명의 말씀을 전하기 위해 에베소 교인들의 기도가 필요했다. 바울이 에베소 교인들의 믿음이 성령의 은사로 인해 깊어지기를 기도했듯이, 그 자신도 그와 같은 중보기도가 필요했다. 바울도 그리스도의 사명에 참여하기 위해 능력의 무기, 곧 어둠의 세력을 진리, 믿음, 사랑으로 침노하는 허리띠, 호심경, 신발, 방패, 투구, 생명의 검이 필요했다. 당신과 당신의 내담자는 동일한 위치의 믿음을 가지고 있으며 동등하게 절박한 필요를 가지고 있다.

우리는 이제 한 바퀴를 완주했다. 지금까지 에베소서가 그리는 큰 그림을 통해 마귀에 대적하는 그리스도의 전쟁에 대해 알아봤고 전쟁을 위한 무기들에 대한 놀라운 통찰을 살펴봤다. 이제 2부로 가서 일상의 삶에서 일어나는 투쟁과 전투에서 이를 어떻게 적용해 나갈지 생각해 보도록 하자.

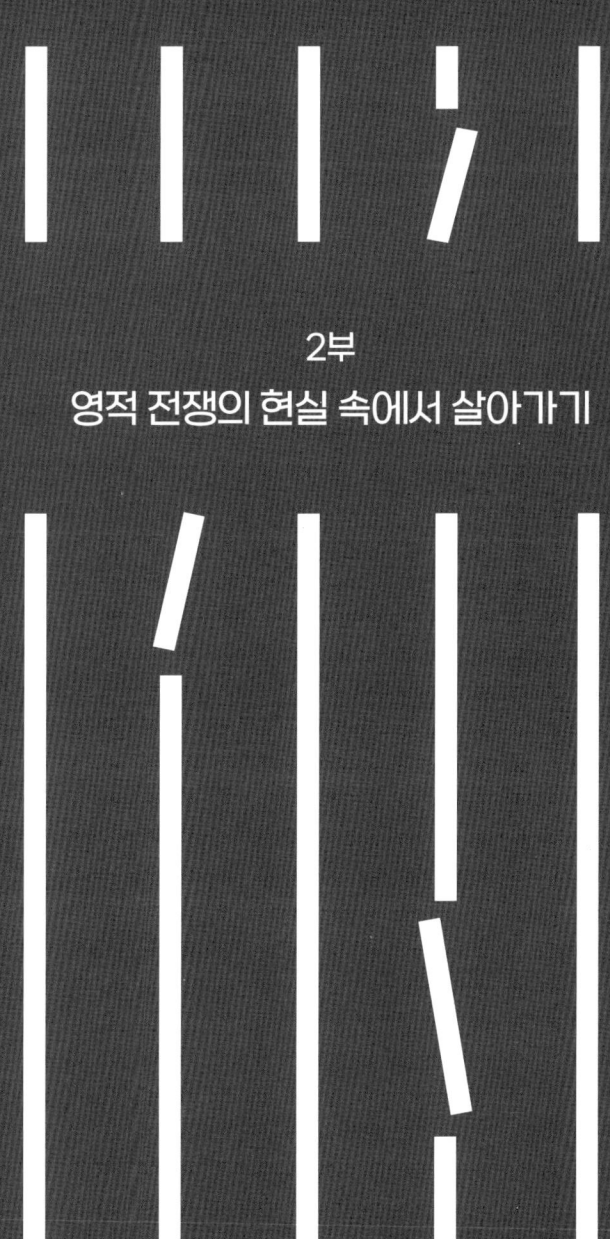

2부
영적 전쟁의 현실 속에서 살아가기

4장
개인 사역을 위한
능력과 지침

에베소서 6장이 우리에게 주는 가르침을 명확하게 볼 수 있다면, 우리 자신과 다른 이들에게 매우 희망적인 메시지를 전할 수 있다. 그렇다. 우리는 분명 전쟁 중에 있지만 그리스도 그분 자체로 무장하고 있다. 그러나 이 세상에서 분투하고 또 옆에서 함께 몸부림치는 사람들과 마주하다 보면, 고통스러운 세상에서 실제적인 문제들을 직면할 때 자신감을 잃어버리게 될 수 있다. 나는 성경이 보여 주는 그리스도의 전쟁에 나타나는 힘, 주도권 그리고 활동을 포착하려고 애써왔다. 하지만 이러한 노력은 실존주의적인 문제를 가져왔다. 삶은 종종 힘들고 추악하다. 악의 수장은 셀 수 없는 마귀를 생성한다. 우리는 어두운 시대에 살고 있다. 그렇기 때문에 상황에 압도당하고 포위되고 위협을 당하고 있으며 연약하다고 느끼기 십상이다. 아마 이 때문에 영적 전쟁을 방어적인 그림으로 묘사하는 것이 더 전형적인 이미지가 되었을 수도 있다.

이렇게 많은 빛, 생명, 진리, 선함, 능력, 보호가 그리스도로부터 쏟아져 내리는데 왜 그 과정은 엉망진창일까? 왜 교회는 나약해지고 타락했을까? 왜 우리는 계속 넘어지는가? 왜 우리는 너무나 많은 약점을 가지고 있을까? 에베소서 6장은 에너지와 용기가 넘치면서도 매우 현실적이다. 바울은 마귀의 힘을 강조하면서 이 세대가 악하기 때문에 우리의 마음, 가정, 교회에서 빛과 어둠이 충돌하는 것은 놀랄 일이 아니라는 사실을 상기시킨다. 우리가 혼란스러운 전쟁의 연막과 공격을 당했다는 사실로 인해 나가떨어지지 않도록 다시 한 번 알려 주는 것이다.

바울은 사악한 세력에 대해 매우 강한 어조로 이야기한다. 이것 자체만으로도 도움이 될 수 있다. 우리의 가장 깊숙이 있는 원수가 혈과 육이 아님을 아는 것은 도움이 된다. 특히 빛의 자녀인 우리가 서로 다투고 외부에서 공격해 오는 사람에게 보복하는 모습으로 되돌아가려 할 때 더욱 그렇다. 이는 우리가 인간적인 갈등을 겪을 때 '온도를 낮출 수 있게' 도와준다. 하지만 바울은 사람들 안에 그리고 그들 사이에 일어나는 일, 즉 교회가 겪는 많은 실패, 죄의 완고함, 고난으로 인한 고통에 대해 마냥 순진한 태도를 취하지 않는다. 그래서 결국 고린도 교회와 갈라디아 교회에 편지를 쓰지 않았는가! 하지만 에베소서는 우리가 예전에 어떠했는지에 대해 상기시키는 목적을 제외하고 전쟁의 참혹한 세부사항을 다루지 않는다.[1] 에베소서는 우리가 달라야 한다는 부르심

---

1) 엡 2:1-2, 12-13; 4:17-22; 그리고 모든 부정문은 4:25-5:18을 참조하라.

이지 우리 현재 모습이 예전과 별반 다를 바가 없음을 지적하는 글이 아니다. 이 특별한 편지에서 바울은 그리스도가 우리를 위해 하신 일과 우리 안에서 성령님이 하시는 일에 대해 폭넓은 시야를 가지고 저술하고 있다. 우리가 마침내 전쟁에서 승리할 때, 모든 일을 마치고 당당히 설 때 이 높은 부르심이 완전히 실현될 것이다. 그때까지 전쟁에서 어떻게 실질적으로 생각하고 느끼며 씨름해야 하는지 더 잘 이해하기 위해 우리는 욥기, 시편, 잠언, 전도서, 그리고 신약의 많은 본문을 참고할 수 있다.

우리의 영적 전쟁을 위한 두 명의 롤 모델

에베소서에는 한 명도 아닌 두 명의 롤 모델이 등장한다. 앞서 논했듯이, 하나님의 무기는 자신의 무기를 입고 구현하면서 사명을 완수하시는 주님 그분 자체를 의미한다. 예수님은 삶, 죽음 그리고 부활을 통해 어둠의 권세를 물리치시고 승리하셨다. 예수님보다 세상, 육, 마귀의 추악한 실체를 알고 있는 사람은 전무후무하다. 실재하는 대적들 속에서 그분은 하늘에 계신 하나님이 어둠의 세계로부터 빛을 이끌어내시리라 믿었다. 예수님은 만나는 이들에게 계속해서 자신과 같이 하늘의 아버지께 일상의 삶에서 적극적으로 의존할 것을 명하셨다.

예수님은 인간의 변절과 고통의 뒤에 악의 수장이 결정적인 역할을 하고 있음을 꿰뚫어보셨다. 그럼에도 그분은 계속해서 인간의 마음에 대고 말씀하신다. 요한복음 8장에서 예수님은 마귀에 대해 설명하실 때 그분 앞에 있는 사람들을 향해 말씀하셨다(요 8:44-47). 마귀도 중요하지만 예수님은 듣고 있는 자들에게 직접적으로 삶과 죽음의 문제를 제기하고 계신다. 우리 자신과 다른 이들에게 우리는 다음과 같은 질문을 던져야 한다.

- 누가 당신의 아버지 역할을 하고 있는가?
- 누구의 말에 귀 기울이고 있는가?
- 누구의 소망을 따르고 있는가?
- 내(예수님)가 누구라고 말하고 있는가?

다른 사람들의 삶에 대해 보고 듣는 모든 것, 그리고 상담 중 당신이 하는 모든 말과 행동은 당신과 그들이 이 명확한 질문들에 어떻게 대답하는가에 따라 흘러간다.

우리에게는 또 한 명의 롤 모델이 있다. 에베소 교회로 보낸 편지를 보면 바울은 우리에게 하라고 권하는 일들을 자신도 모두 행하고 있었다. 우리는 바울이 영적 전쟁을 치르고 있음을 목도할 수 있다. 편지 내용의 전부가 빛의 무기를 들고 어둠의 세력에 맞서 공격하는 바울 자신의 모습을 드러내고 있다.

이 편지를 읽어 내려가다 보면 바울이 또한 어떻게 인간의 마음에 대고 계속 이야기를 하고 있는지 볼 수 있다. 그는 허리띠를 매고 건설적이고 시기적절하게 은혜를 끼치는 말로 사랑 안에서 진리를 선포한다. 또 그는 의의 호심경을 차고서 은혜로 구원받고 하나님의 능력을 힘입어 풍성한 삶을 살아가는 한 사람의 모습을 생생하게 보여 준다. 평화의 복음의 신을 신고 사람들과 하나님과의 관계를 회복시키고 한때 사이가 멀어졌던 사람들을 서로 화해하게 한다. 바울은 믿음의 방패를 들고 모든 사람의 귀에 들리도록 힘과 능력의 하나님을 구한다. 구원의 투구, 곧 그의 메시지, 사역, 구세주이신 예수님을 명백히 인지하는 것을 나타내는 투구를 쓴다. 그리고 당연히 성령님의 힘으로 하나님의 말씀의 검을 빼어 든다. 에베소서는 확실히 하나님의 말씀이고 성령님의 임재가 충만하다! 에베소서 전반에 걸쳐 바울은 계속해서 풍성하고 참신한 방식으로 성경을 인용하고 적용한다.

바울은 어떻게 어둠의 왕국을 침노하는가? 하나님의 능력에 의지하여 그리스도를 따르고 일어나서 빛의 대사처럼 어둠을 향해 똑바로 걸어나간다. 그렇다면 당신은 영적 전쟁에서 어떻게 싸울 것인가? 주님을 의지하고 일어서서 어두운 세상을 향해 똑바로 걸어가면 된다. 그리스도가 그리 하실 것이라는 것은 이미 예언되었고, 그분은 실제로 그렇게 하셨다. 우리는 바울도 그렇게 행하는 것을 목격할 수 있다. 그리고 바울은 자신이 그리스도의 본을 따랐던 것처럼 우리도 그를 따라 행하라고 요청하고 있다(고전 11:1).

기도 – 전쟁의 필수 조건

예수님은 마귀와의 전쟁에서 기도의 중요성을 몸소 보여 주신다. 기도는 우리가 얼마만큼 하나님께 일상적으로 의지하고 있는지를 표현하는 방식이다. 또한 우리가 필요한 도움을 얻기 위해 하나님의 능력에 의존하는 방법이다. 사탄이 예수님으로부터 도덕적 권세를 빼앗고 예수님의 선택을 조종하려고 했을 때 예수님은 에베소서 6장의 방식으로 대적하셨다. 예수님은 40일 동안 하나님의 말씀과, 마음과 입술로 하는 기도로 그 시간을 보내셨다. 매우 강력한 기도와 금식이었다. 당연하다. 이것이야말로 이사야서와 시편에 등장하는 침노하시는 주님이시고, 바울이 우리에게 그리스도를 입을 때 하라고 지시한 바로 그것을 행하는 모습이었다. 또한 예수님은 우리에게 그분의 기도가 필요하다는 것도 알고 계셨다. 그래서 이 땅 위에 계시는 동안 우리를 위해 기도하셨다(요 17장; 눅 22:32). 그리고 지금은 천국에서 우리를 위해 중보하고 계신다(롬 8:34; 히 7:25).

어둠의 권세에 대적해서 싸울 때 기도는 필수 조건이기 때문에 바울은 영적 전쟁에 대한 논고를 기도로 마무리한다. 무기의 은유를 끝내고 자신의 영적 전쟁을 계속 치르면서 바울은 다른 이들을 위해 기도했다. 그의 중보기도는 그가 했던 모든 말과 톱니바퀴처럼 촘촘히 맞물려 들어간다. 그래서 어디까지가 그의 기도이고 어디서부터가 가르침인지 나누기 어려울 정도다. 바울의 기도는 놀라울 정도로 평범하다. 이러한 '영적 전쟁을 위한 기도'는 사탄에 대한 기도나 사탄에게 직접적으로 명령하는 것이 아니라, 그리스도의 임재와 도움이 가장 절박하게 필요하다는 것을 고백하는 것이다. 바울이 하는 중보기도의 핵심은 매우 간단하다. "하나님을 알 수 있도록 그분이 너희를 강건하게 하시길 간구한다." 속박하거나 푸는 것도 없고, 권위적인 공표나 선포도 없으며, 이름을 붙이거나 주장하는 것도 없다. 바울은 계속해서 우리에게 "항상 성령 안에서 기도하고 이를 위하여 깨어 구하기를 항상 힘쓰며 여러 성도를 위하여 구하라"고 권고한다(18절). 그러고는 자신의 위해 기도해 달라고 부탁한다(19절).

상담자로서 우리는 동기부여와 인과관계에 대해 우리가 알고 있는 이론이나 사람들이 어떻게 특정 문제에 반응하는지에 대한 지식에 의존하고자 하는 유혹을 받는다. 우리가 알고 있는 것에 대해 너무나 확신한 나머지 변화를 위해 진정으로 필요한 선한 목자의 지혜, 도움, 능력에 의존하지 않게 되기 쉽다. 하지만 나보다 더 크게 작용하는 세력이 있다는 것을 인정하면 진심을 다해 기도하게 된다.

예수님은 자신을 알려고 하지 않는 사람들, 곧 연약한 자와 경건하지 않은 자, 죄인과 원수에게까지 생명과 자비를 건네셨다(롬 5:6-10). 예수님 한 분만이 우리를 거짓으로부터 자유롭게 하실 수 있다. 한편으로는 마귀를 대적해야 하기 때문에 당신은 더 빨리 당신이 상담하는 사람들을 위해 또 그들과 함께 기도해야 한다. 또 마귀를 대적하는 것이기 때문에 빨리 세상의 구원자에 대한 실체를 볼 수 있게 인도해야 한다. 그분 없이는 당신의 내담자는 치명적인 위험에 노출된 채 환상에 기대어 혼자 걸어가게 될 것이다.

나는 하나님께는 전혀 관심도 없고 복음의 진리를 들을 귀가 없어 보이는 누군가를 위해 기도했는데 나중에 그들이 와서 "당신이 해준 말 덕분에 내 삶이 변했습니다"라고 고백하는 것에 종종 놀라곤 했다. 보통 나는 그런 말을 내가 했었는지조차 기억하지 못한다. 많은 경우 내가 했을 법한 말 같지 않을 때도 있다! 하지만 성령님이 내 비천한 기도를 들으시고 말할 수 없는 탄식으로 바꿔 주셨을 때 뭔가 특별한 일이 일어났다(롬 8:26-27). 이러한 탄식이 내가 상담가로서 할 수 있는 것 이상의 방식으로 누군가의 삶에 안착한 것이다. 영적 전쟁의 실체를 앎으로 상담가와 내담자는 우리가 얼마나 지속적으로 선한 목자에게 기대어 가야 하는지 알 수 있다. 우리는 이러한 의존성을 모든 성도들을 위해, 특별히 주님이 우리에게 인도하고 도와주라고 맡기신 사람들을 위해 항상 기도함으로 표현한다.

다음은 모든 성도들을 위해 항상 기도할 때 도움이 되는 몇 가지 방법이다.

- 당신의 친구와 가족을 위해 기도하라. 당신과 가장 가까운 사람들이 믿음과 사랑 안에서 걸어가기 위해서는 주님이 직접적으로 그분의 능력을 보여 주셔야 한다. 오늘 이들 각자에게 가장 필요한 그리스도의 무기는 무엇인가? 성령님이 그들을 그리스도로 감싸 주시기를 기도하라. 그리스도가 필요함을 볼 수 있는 눈을 뜨게 해달라고 기도하라.

- 당신의 내담자들을 위해 기도하라. 그들이 그리스도께 온전히 의지할 수 있도록 이끌어 달라고 기도하라. 그래서 그리스도의 능력과 사랑이 그들의 삶에 흘러넘치고 다른 이들에게까지 흘러갈 수 있기를 기도하라. 그들이 그리스도 안에서 그들을 위한 하나님의 사랑을 보고 들을 수 있는 눈과 귀를 가질 수 있도록 그들의 믿음을 위해 기도하라.

- 말씀을 보면서 가장 강하게 와닿는 진리를 발견하면 성령님이 그 진리를 당신의 삶 속에서 살아나게 해주시도록 기도하라. 다음에는 그 진리가 당신의 목사님의 삶에서도 살아나게 해주시기를 기도하라. 지도자는 매우 어려운 소명의 자리이기 때문에 당신의 리더 역시 많은 은혜가 필요하다. 만약 당신이 목사라면 당신이 알고 있는 다른 목사와 리더들을 위해 기도하라.

- 영적 전쟁에 대해 아예 무지하거나 너무 과장해서 받아들이는 그리스도인 지체들을 위해 기도하라. 이를 제대로 행하는 것이 매우 중요하다. 하나님의 자녀인 우리는 현실에 살아야만 한다. 반쯤 졸고 있거나 환상 속에 살고 있으면 안 된다.

- 다른 사람들에게 당신을 위해 기도해 달라고 부탁하라. 바울도 말씀을 받고 그것을 담대히 알리기 위해 하나님이 필요함을 알고 있었다. 오직 주님만이 주실 수 있는 것 중에 특별히 필요한 것이 있는가? 신약의 가장 칭송받는 서신의 저자가 **모든 성도들을 위하여, 또 나를 위해서 기도하라**는 요청을 할 수 있다는 것이 놀랍지 않은가?

만약 당신이 상담을 하는 그리스도인이라면 어떻게 당신이 상담하는 사람들과 함께, 또 그들을 위하여 영적 전쟁에서 싸우지 않을 수 있겠는가? 그들은 세상, 육, 마귀의 삼각 편대에 맞서기 위해 당신의 도움이 필요하다. 다음 장에서는 영적 전쟁에 대한 여러 가지 이야기를 통해 영적 전쟁이 어떤 식으로 나타나는지 살펴보고자 한다. 이런 사례 연구를 통해 영적 전쟁이 어떻게 일상적이면서도 심오한 현상으로 나타날 수 있는지 보게 될 것이다. 영적 전쟁은 매일의 삶에서 겪는 투쟁을 위한 사역의 일반적인 부분으로 봐야 한다. 왜냐하면 강력한 영적 세력이 매일 일어나는 일들 기저에 작용하고 있기 때문이다. 사소한 질병과 사람 간의 갈등에서부터 가장 기묘한 현상에 이르기까지, 이 모든 것을 에베소서 6장에 비추어 이해할 수 있다. 그리고 우리는 모든 종류의 악을 대적할 때 예수님이 그러셨던 것처럼 진리를 제시하고 평안의 복음을 전하는 법을 배울 수 있다.

5장
일상의 전장에서 싸우기: 분노, 두려움, 현실 도피

상담을 받으러 오는 대부분의 사람들의 문제는 분노, 두려움, 현실 도피, 이 세 가지 일반적인 범주로 나눌 수 있다. 이것은 우리 모두가 매일 대면하는 일상적인 전쟁이다. 상담 사역을 하다 보면 이 세 가지 문제에 대해 여러 다른 방식으로 이야기하는 것을 듣게 된다. 분노는 극단적인 수위로 올라가면 폭발하는 적대감과 극단적인 억울함으로 표출되지만, 우리가 일상적으로 하는 교통체증, 동료들, 가족, 날씨에 대한 불평불만도 이에 포함된다. 두려움은 완전한 피해망상이나 괴로운 공황 장애로 나타날 수 있지만, 아주 사소한 일에 불안해하고 걱정하는 것으로도 나타난다. 현실 도피는 알코올 중독과 마약 중독으로 나타나기도 하지만, 폭식하거나 TV를 너무 많이 보는 현상으로도 드러날 수 있다.

영적 전쟁이 어떻게 이러한 평범하고 일상적인 문제와 교차되는지를 이해하기 위해서는 온 세상이 악의 수장의 손아귀에 있음을 기억해야 한다(요일 5:19). 악의 수장은 어떤 존재인가? 그는 하나님을 흉내 내는 자다. 항상 하나님을 흉내 낼 기회를 틈틈이 노리고 우리도 자기와 같이 행하고 하나님 흉내쟁이가 되기를 원한다. 앞서 이야기한 세 가지 문제, 즉 분노, 두려움, 현실 도피의 상황에서 우리는 선택권을 가지고 있다. 하나님 행세를 함으로 사탄을 따라할 수도 있고 하나님께 나아가 필요한 도움을 구할 수도 있다.

우리가 화가 났을 때 이러한 일은 어떤 식으로 나타나는가? 우리가 하나님께 가지 않고 하나님 흉내를 내려 한다면 우리는 사탄과 같이 거짓 재판관, 참소자가 된다(계 12:10). 야고보는 자신의 편지에서 이 역학에 대해 풀어 놓는다(약 4:1-12). 우리가 하나님의 역할인 재판관이 되고자 할 때 우리는 참소자가 된다. 자기 의가 강해지고 비난하며 악의를 품고 불공정하게 된다. 그러다 결국 "당신은 언제나 이런 식이야", "당신은 절대 그렇게 하지 않아"와 같은 말을 하면서 다른 사람들에게 거짓말을 한다. 방어적이 되고 다른 사람을 탓한다. 지나친 요구를 하고 공격적이 되며 무자비하게 된다.

그렇다면 두려움은 어떤가? 여기서도 거짓 선지자로 하나님을 흉내 내는 사탄을 볼 수 있다. 내 동료인 에드 웰치는 불안감을 우리 자신, 우리의 하나님, 우리의 세상, 우리의 미래에 대해 거짓말을 하는 목소리로 묘사한다. 불안해지면 마음속에 어떤 목소리가 들리는가? "너 때문에 다 망쳐 버렸어." "사람들이 나의 본색을 알게 되면 날 밀어낼 거야." "하나님은 날 사랑하지 않아." "내가 어떻게 용서받을 수 있겠어." "넌 절대 변하지 않을 거야." 우리 모두 자기 자신과 미래에 대해 믿고 싶은 거짓말 리스트가 있다. 이런 거짓말들은 하나님께서 성경을 통해 사랑하는 자녀인 우리에게 하시는 말씀이 아니다. 이는 시초부터 거짓말쟁이였던 악의 수장이 하는 말이다. 그는 우리 자신과 인생의 전망에 대해 거짓말을 한다. 그는 거짓 선지자다.

현실 도피와 중독은 또 어떠한가? 중독, 현실 도피 그리고 잘못된 것으로 쾌락을 추구하는 것을 아우르는 공통적인 주제는 우리가 거짓 구원자에게서 피난처를 찾는다는 것이다. 우리는 하나님 외에 우리를 행복하게 해주고, 기분 좋게 해주며, 삶의 불편한 현실을 다룰 수 있는 다른 무언가를 찾고 있다. 사탄은 하나님을 흉내 내고 거짓 구원자로 자신을 나타낸다. 사탄은 진정한 구원자에게서 사람들이 멀어지도록 설계한 자기 구원$^{self-salvation}$의 계략을 계속해서 주입한다. 그가 인간관계에 간섭했던 첫 번째 시도는 에덴동산에서 일어났다. 아담과 하와가 자기 스스로를 구원하고 하나님처럼 될 수 있다고 생각하도록 유혹한 것이다.

이러한 일상의 문제들에서 우리는 하나님 흉내를 내는 사탄이 어떻게 재판관, 선지자, 구원자 연기를 하는지 볼 수 있다. 그리고 우리는 사탄의 모든 거짓말에 동조하는 세상에 살고 있다. 사실 우리도 공범이다. 우리의 마음은 언제나 능동적이다. 우리는 사탄처럼 재판관과 고소자 역할을 하기로 선택한다. 우리는 자신과 미래에 대한 그의 거짓 예언을 듣고, 진리를 구하기 위해 살아 계신 하나님께 돌아서는 것을 잊어버린다. 우리는 예수 그리스도 외에 구원의 다른 통로를 찾을 수 있다고 믿고 사탄이 내미는 자기 구원의 유혹에 넘어간다. 야고보는 궁극적으로 우리가 유혹과 죄에 빠지는 것에 대해 자기 자신 외에는 탓할 자가 없음을 이야기한다(약 1:13-15). 이렇듯 우리가 분노, 두려움, 현실 도피와 씨름할 때 우리의 모든 대적이 일하고 있음을 볼 수 있다. 세상, 육 그리고 마귀가 다 연루되어 있다. 이 셋은 매우 벅찬 상대다. 하지만 우리는 에베소서에서 배운 것을 통해 희망을 가질 수 있다.

에베소서 6장에서 바울은 그리스도인의 삶을 간단한 용어로 정의한다. 은유를 벗겨내고 설명하자면, 바울은 주님과 그분의 능력 안에서 강해지기 위해 필요한 일곱 가지 기본 요소에 대해 이야기하고 있다. 무엇이 당신과 당신이 상담하는 사람들을 세상과 육과 마귀에 맞설 수 있게 하는가? 진리, 의로움, 평안의 복음, 믿음, 구원, 하나님의 말씀, 그리고 기도다. 이것들은 그리스도인의 삶에 있어 일상적이고 정상적인 것들이다. 또한 당신과 당신의 내담자가 세상, 육, 마귀에 대항하기 위해 매일 필요로 하는 것들이다. 이것이 그리스도의 능력으로 살 수 있도록 그리스도 안에서 우리에게 주어진 것이다. 또 이것이 우리가 매일 분노, 두려움, 현실 도피와의 투쟁 가운데에 있는 내담자들에게 제공해야 하는 것이다. 그들은 물론이고 당신에게도 희망이 있다. 왜냐하면 그리스도가 우리의 능력이 되시고 그 능력 안에서 살 수 있는 구체적인 방법들을 제시하셨기 때문이다.

분노에 찬 사람 상담하기

당신에게 상담을 받기 위해 찾아오는 분노에 찬 대부분의 사람들은 어떤 갈등 속에 휘말려 있는 경우가 많을 것이다. 우리 문화에서 분노와 원망은 심리학적으로 해석된다. 마치 당신에게만 문제가 있다는 듯이 말이다. 하지만 이 감정은 사람들 간의 관계에서 존재한다. 갈등이란 본질적으로 사람 간의 관계를 의미한다. 분노와 원망은 단순히 심리학적인 문제가 아니다. 당신과 하나님, 그리고 당신과 다른 사람과의 관계에서 생기는 관계적 문제다.

사탄도 이러한 공동의 관계적 차원에서 일한다. 우리의 원망과 분노는 바울이 에베소서에서 경고한 대로 마귀에게 틈을 준다(엡 4:26-27). 이를 염두에 두고 상담한다는 것은 핵심이 무엇인지 파악하기 위한 시야를 확보하는 것을 의미한다. 내담자의 초점을 바꾸려 할 때는 우리가 그리스도 안에서 하나님과 연합하게 되었다는 것을 상기시켜야 한다. 우리는 그분의 형상으로 다시 만들어지고 있다. 그리스도의 형상에 따라 우리의 신앙은 언제나 사랑과 용서하는 모습으로 나타난다. 우리는 더 큰 무대에 살고 있다. 우리가 믿음으로 살고 용서하는 이 모든 것이 하나님의 왕국이 이 세상에 임하는 것에 큰 몫을 한다.

하지만 단순히 이러한 진리를 아는 것만으로는 충분하지 않다. 야고보는 우리가 분노와 원망에 매여 있을 때 우리의 악한 측면이 드러난다고 말한다(약 3:13-18). 우리가 자신을 높이고 다른 이들을 판단하고 저주할 때, 우리는 거짓말쟁이며 살인자인 마귀를 닮는다. 하지만 하나님은 더 풍성한 은혜를 주신다. 우리는 자신을 낮춤으로 마귀에 대항할 수 있고 그럴 때 마귀는 우리를 피한다(약 4:6-10). 이는 우리가 선한 목자이신 예수님께 온전히 의지할 때 가능하다. 오직 예수님만이 우리가 비난하고 저주하는 대신에 용서하고 축복할 수 있도록 도와주실 수 있다. 누군가의 이해를 돕고 앞으로 나아가도록 돕는다는 것은 우리의 살아 계신 구세주에게 완전히 의지할 수 있도록 격려해 주는 것을 의미한다. 이것이 상담할 때 가장 중요한 첫 번째 목표다.

두려움에 떠는 사람 상담하기

극심한 두려움과 불안을 가지고 오는 사람은 어떠한가? 미래에 대한 잘못된 예측은 어디에서 비롯되는가? 거짓말의 저자이며 흉내쟁이 그리고 비난자인 마귀로부터 온다. 우리에게 엄청난 두려움, 불안, 고통을 야기하는 이러한 거짓말은 태초부터 거짓말쟁이인 마귀로부터 온다.

분노와 마찬가지로 대부분의 경우 불안은 순전히 심리적이고 감정적인 문제로 여겨진다. 하지만 불안 역시 다른 사람들을 돌보지 못하게 하고 우리 자신의 세상을 벗어나 다른 이들에게 관심을 갖지 못하게 한다. 두렵기 때문에 우리는 거짓말을 믿고 다른 사람으로부터 우리 자신을 고립시킨다. 이러한 행동은 우리가 영적 전쟁 중이라는 것을 보여 주는 것이다. 왜냐하면 후퇴하는 것은 사랑도 없고 믿음도 없는 행동이기 때문이다.

두려움에 휩싸여 있는 사람과 어떻게 이야기할 수 있을까? 진리를 말해야 한다. 두려움에 떠는 사람들에게 성경이 제시하는 핵심 약속은 "내가 너와 함께 있다"이다. 두려워하지 말라고 하신 명령은 십계명과 같이 경고를 수반하는 명령이 아니다. 하나님의 도움과 임재에 대한 약속이다.[1] 이것은 우리가 구할 수 있는 선물이다. 우리는 악의 수장의 거짓말을 들을 필요가 없다. 우리는 이러한 거짓말을 분별하고 필요할 때 하나님께 도움을 구할 수 있다. 선한 목자의 음성을 듣고 그분과 함께 드나드는 법을 배울 수 있다(요 10:4). 다시 한 번 우리의 첫 번째 목표, 즉 우리의 선한 목자에게 온전히 의존함으로 성장해야 하는 것을 상기해야 한다.

중독자 상담하기

중독에 빠지고 쾌락을 좇는 사람들을 어떻게 이해하고 도와줄 수 있을까? 종종 사람들은 어떤 행위가 특정 선을 넘어설 때, (지나친 쇼핑, 탐식, 비디오 게임과 같은) '일상적인 죄'가 (아편 중독과 같은) 속박으로 진행될 때 귀신을 쫓아내는 사역이 필요하다고 생각한다. 하지만 이에 대한 성경적 증거는 어디에도 없다. 예수께서 바

---

1) 신 31:6-8; 렘 1:8; 마 14:27; 빌 4:4-7을 참조하라.

울의 사역을 "사탄의 권세에서 하나님께로" 사람들을 인도하는 것이라고 정의를 내리셨을 때, 주님은 죄 사함과 회개, 그리고 변화된 마음을 반영하는 새로운 삶을 선포하도록 그를 부르셨다(행 26:18, 20). 어떤 사람의 삶 속에 임하는 사탄의 권세는 회개와 그리스도를 믿는 믿음 앞에서 물러가게 되어 있다.

어떻게 사람들이 이를 깨닫게 되는가? 이 세상을 창조하시고 예수 그리스도를 부활시키신 하나님께서 복음을 드러내실 때 우리는 볼 수 있다. 어떤 사람이 깨어났다면 이는 하나님이 그 마음 속에 그리스도 예수의 빛을 비추시기 때문이다(고후 4:6). 죄인들은 마귀에 의해 눈이 멀고 괘씸하게도 스스로 눈멀어 있기를 선택한다. 모든 사람이 노예이지만 그렇다고 꼭두각시는 아니다. 하나님은 깨우치시고 사람들은 돌이켜 믿는다.

성경에서 도덕적 속박에 대해 가장 강력하게 보여 주는 장면이 디모데후서 2장 25-26절에 나온다. 바울은 여러 단어들을 사용하여 사탄의 노예가 되는 것, 즉 도덕적으로 무지하고 정신이 나가 있으며 마귀의 덫에 걸리거나 사로잡히고 마귀의 의지에 복종하는 것에 대해 설명한다. 이러한 맥락에서 바울은 이런 사람들에게 어떻게 사역을 해야 하는지 설명한다. 이들이 사탄의 노예로 묶여 있다는 사실은 그들의 구원에 비할 수 없다. 이러한 구원은 진리를 아는 지식으로 이끄는 회개, 정신을 차리고 돌아오는 것, 마귀의 덫을 피하는 것, 갇힌 것에서부터 자유로워지는 것으로 더 이상 마귀의 의지를 따르지 않게 된다. 이런 사람들을 변화시키는 것은 무엇인가? "혹 하나님이 그들에게 회개함을 주사"(25절). 스스로 자유하게 할 수는 없지만 그렇다고 풀지 못할 속박 또한 없다. 우리는 생명을 주거나 사슬을 끊어낼 수 없지만 매우 중요한 역할을 한다. 하지만 문제의 심각성을 고려했을 때 이 문제를 해결하는 데 있어서 우리가 할 수 있는 부분은 놀라울 정도로 약소하다.

> 또한 너는 청년의 정욕을 피하고 주를 깨끗한 마음으로 부르는 자들과 함께 의와 믿음과 사랑과 화평을 따르라 어리석고 무식한 변론을 버리라 이에서 다툼이 나는 줄 앎이라 주의 종은 마땅히 다투지 아니하고 모든 사람에 대하여 온유하며 가르치기를 잘하며 참으며 거역하는 자를 온유함으로 훈계할지니_딤후 2:22-25

사탄의 노예가 된 사람들을 대상으로 하는 사역은 우리 자신의 노예근성으로부터 피하고, 주님을 부르고 그리스도의 성품을 추구하는 사람들과 공동체를 이루는 것부터 시작된다(에베소서에 등장하는 무기들과 어떻게 유사한지 주목해 보라). 우리는 그리스도의 방식으로 그분의 구원 사역을 행할 수 있다. 그리스도의 방식이란 친절함의 향기를 내뿜고, 적절한 진리를 말하며, 다른 이들이 우리에게 잘못했을 때에도 인내하고, 온유함으로 가르치고, 주님께 의존하는 것을 말한다. 예수님은 우리를 사용하셔서 사탄의 노예들을 자유롭게 하신다.

선택권을 회복하라

성경적 상담의 가장 기본적인 측면 중 하나는 사람들이 항상 무엇이든 선택을 한다는 사실이다. 그들은 언제나 한 쪽 아니면 다른 쪽을 바라본다. 당신은 분노에 가득 찼을 때, 불안할 때, 현실 도피를 하고 싶을 때 어느 쪽을 바라보기로 선택하는가? 예레미야는 하나님을 피해 돌아서는 사람을 다음과 같이 묘사한다. "무릇 사람을 믿으며 육신으로 그의 힘을 삼고 마음이 여호와에게서 떠난 그 사람은 저주를 받을 것이라"(17:5). 이것을 반反회개anti-repentance라고 하는데 하나님께로 돌아가는 참회개와 반대되는 행동이기 때문이다. 예레미야는 생명수의 근원으로부터 돌아서고, 광야의 말라비틀어진 덤불같이 되어 버리는 사람을 묘사하고 있다. 이는 분노, 불안, 현실 도피에 사로잡혀 있는 자들을 정확히 그려낸 것이다.

목회 상담의 목표 중 하나는 사람들이 자신에게 선택권이 있음을 인지하지 못하는 상황에서도 선택할 수 있다는 인식을 깨우치는 것이다. 보통 분노나 불안, 혹은 현실 도피에 빠져 있을 때 우리는 무엇인가 다른 것을 원하고, 다르게 느끼고, 생각하고, 행동할 수 있다는 사실을 깨닫지 못한다. 하지만 그리스도 안에 있는 사람은 그리스도의 힘을 가지고 있다. 그리스도의 능력, 진리, 의로움을 가지고 있다. 또한 그리스도의 말씀과 기도의 힘도 가지고 있다.

그렇다면 다른 이들이 하나님께로 돌아가기로 선택할 수 있음을 이해하도록 도움을 주려면 어떻게 해야 할까? 가장 간단하고 효과적인 방법은 두 가지의 선택이 각각 양면에 적혀 있는 카드를 사용하는 것이다. 한 가지 선택은 반反회개이고, 또 다른 선택은 각자가 고군분투하고 있는 전투에 적용할 수 있는 하나님의 진리다. 즉 한쪽 면에는 "이런 저런 이유 때문에 넌 이것을 해야 해"라고 속삭이는 세상, 육, 마귀의 목소리를 쓰고, 다른 면에는 지금 싸우고 있는 전투에서 회개하고 하나님께 부르짖는 것이 어떤 모습인지를 보여 주는 말씀을 쓰는 것이다. 다른 사람을 비난하는 중에 어떻게 하나님께로 돌이킬 수 있는가? 자신을 비난하는 목소리가 들릴 때 어떤 목소리에 집중해야 하는가? 그리스도가 아닌 다른 어떤 것, 혹은 다른 누군가에게서 구원을 찾고자 할 때 어떤 선택을 하겠는가? 이러한 질문들을 함께 생각해 봄으로써 당신은 내담자들이 일상적으로 겪고 있는 전쟁 중에 그리스도께 돌아서고 그분께 의지할 수 있는 성경적이고 강력하면서 구체적인 방법을 떠올리도록 도울 수 있을 것이다. 그리스도로 인하여 그들은 그리스도를 선택할 수 있다. 성령님이 계시기 때문에 그들은 성령님과 보조를 맞추어 갈 수 있다.

그리스도의 편에 서는 것이 영적 전쟁에서 승리하는 비결이다.

6장
죽음의 그림자와의 전쟁

2003년, 16살이던 우리 딸아이가 매우 고통스럽고 꾸준히 진행되는 희귀병에 걸렸다는 진단을 받았다. 체형이 망가지고 장애를 가져오며 심지어 죽을 수도 있는 병이었다. 원인은 알 수 없었다. 치료제도 없었다. 일부 증상은 치료 가능한 것도 있었고 갑자기 완화될 가능성도 있었다. 하지만 악화되어 가는 증상들 속에서 언제 또 다음 단계로 진행될지 알 수 없었다. 의사들은 아무 이유도 없이 병이 신기하게 사라지는 사례도 30퍼센트 정도 된다고 이야기해 주었다. 재발이 되지 않고 3년간 증상이 완화되면 완치 판정을 내린다고 했다. 이 시기야말로 우리 가족이 믿음의 방패를 들어야 할 특수 상황이었다.

이런 끔찍한 진단을 받은 후라면 여러 가지 이유로 영적 전쟁에서 패배하여 육, 세상, 마귀의 어둠 속으로 되돌아갈 수 있다. 하나님을 보는 눈을 가리고 눈앞에 임박한 위협에 빠져 허우적거릴 것인가? 불안의 암류나 극심한 공포를 느끼며 걱정할 것인가? 의학적 치료에 집착할 것인가? 현 상황을 부인할 것인가? 일, TV, 술로 회피하며 걱정의 감각을 마비시키려 할 것인가? 서로에게 짜증을 내면서 말싸움으로 긴장감을 악화시킬 것인가? 아니면 금욕주의적으로, 혹은 이슬람교도의 태도로 솔직한 인간의 필요를 "다 하나님의 소관이지"라고 일축할 것인가? 수동적으로 심지어 미신적으로 기도할 것인가? 하나님의 생명에서 떠나 있음을 나타내는 '총명이 어두워지는' 쪽으로 다시 돌아가는 방법은 많다(엡 4:17-18). 악의 수장은 하나님이 없는 어둠의 세계로 우리를 다시 붙잡아 가기 위해 불화살을 겨눈다.

우리 가족은 하나님께 등을 돌릴 수도 있었고, 에베소 교인들과 시편기자가 고난에 대면했던 것과 같이 문제를 대면할 수도 있었다. 이런 상황에서 시편 28편은 우리의 경험을 모아 우리를 인도해 주었다. 시편 28편은 인간의 필요를 채우시는 하나님의 능력과 보호하시는 보살핌에 대한 내용을 담은 많은 시편들 중 하나다. 이 시편과 함께 우리는 어려운 시기에 세상, 육, 마귀와의 전투를 헤쳐 나갈 수 있었다. 이 말씀은 에베소서 6장을 토대로 우리에게 말씀을 주었다. 시편 28편은 4단계로 진행되는데 일인칭 시점으로 한 문장씩 요약해서 소개하겠다.

나는 주께 부르짖는다(시 28:1-2). 처음 등장하는 이 구절은 위협 앞에서 느끼는 매우 급박한 필요와 취약성을 고백한다.

여호와여 내가 주께 부르짖으오니 나의 반석이여

내게 귀를 막지 마소서
주께서 내게 잠잠하시면
내가 무덤에 내려가는 자와 같을까 하나이다
내가 주의 지성소를 향하여 나의 손을 들고 주께 부르짖을 때에
나의 간구하는 소리를 들으소서

이 기도는 일상적으로 말하는 기도의 수준이 아니다. 또 단순히 당신의 기도 제목에 하나를 더 추가하는 것도 아니다. 믿음이 작용하는 영역이 당신의 내면에만 국한되는 것 마냥 스스로에게 하는 혼잣말을 바꾸는 것도 아니다. 마치 "그냥 하나님이 통제하시고 있음을 기억해. 너의 정체성이 그리스도 안에 있음을 잊지 마"라고 혼자 속으로 말하듯이 말이다. 믿음의 활동 영역은 상대와 관계를 형성할 때 생긴다. "자비로우신 하나님, 나의 왕이여, 나는 당신이 필요합니다. 나의 필요를 생각하실 때 당신이 어떤 분이신지 기억하소서. 불쌍히 여기겠다고 하신 약속을 기억하시고 우리를 도와주소서." 이러한 필요가 있을 때 우리는 능력이 있으실 뿐 아니라 기꺼이 도우시는 분께 부르짖는다. 실제적인 필요를 두고 주님께 돌아서는 것은 온전한 정신과 빛의 행위였다.

우리 가족은 우리 주님께 부르짖었다.

나는 내가 대면하고 있는 마귀에 이름을 붙인다(시 28:3-5). 그 다음 구절을 보면 다윗은 이러한 간청을 불러일으키는 특정한 악

과 싸우고 있다. 다윗은 마음에 악독을 키우는 사악한 자의 적대감에 부딪치는 상황에 놓였다(천년이 지나 예수님께도 반복되어 나타났다). 우리 가족의 경우에는 우리를 공격한 상대가 외부에 있지 않았다. 오히려 딸의 병을 대면하면서 우리 가족에게 대적은 다음과 같이 네 가지 형태로 나타났다.

- 대적은 우리의 눈을 가리고 혼란스럽게 하려 했고 그의 이미지대로 우리를 왜곡함으로 우리 가족을 지배하려 했다. 불안, 현실 도피, 분노 그리고 그 밖의 다른 부정적인 감정에 빠지게 하려고 유혹했다(마 13:39; 눅 10:19; 엡 6:11-13).
- 딸의 병은 16살 소녀의 발걸음을 어둡게 하는 죽음의 그림자, 즉 궁극적 대적의 전조가 되었다(고전 15:26).
- "육체의 욕심 … 육체와 마음의 원하는 것"에 의해 내면의 대적이 드러났다(엡 2:2-3). 우리의 마음속에 마귀에게 넘어가는 생각이 들기도 한다. 치료를 고집할 것인가? 평안한 삶을 요구할 것인가? 의사에게 우리의 가장 깊은 희망을 걸어볼 것인가? 두려움에 떨 것인가? 육체와 마음이 가진 욕망의 횡포에 휘둘렸다면 강박에 시달리고, 분노하며, 현실 도피를 하거나, 불안에 휩싸일 수도 있었을 것이다.
- 우리 주위 세상에는 좀 더 미묘한 인간의 대적이 있었다. 에베소서 4장 14절은 우리 주위에 난무하는 거짓 메시지에 대해 경고한다. 병을 앓고 있는 사람은 투병과 동시에 문화적으로 넓게 동

화되고 잘 제도화된 온갖 추측들에 맞서게 된다. 우리가 숨 쉬는 모든 순간 이데올로기와 가치 체계의 영향을 받는다. 여기에는 좋은 건강, 건강관리, 의료적 치료가 단순한 선善을 넘어서 최고 선善이 된다. 이럴 때 잘못 인도되어 무엇이 우리의 태도나 선택을 형성하는지 전혀 깨닫지 못하는 상태로 머물러 있을 것인가?

우리는 "모든 상황에서" 믿음의 방패를 들어야 한다. 시편 28편 3-5절은 인간의 대적을 가리킨다. 하지만 하나님의 힘과 방패를 필요로 하는 극심한 고통 가운데서도 우리는 같은 패턴의 믿음을 적용할 수 있다.

우리는 자비를 간절히 구하면서 우리가 상대하고 있는 악에 정확히 이름을 붙이고 그 악에 대해 주님께 말씀드렸다.

나에게 주시는 힘과 방패로 인해 기뻐한다(28:6-7). 시편 28편은 감정적 영역에서 빠르게 벗어나 우리가 그랬던 것보다 훨씬 더 빨리 기쁨의 평안에 도달한다. 말씀은 우리에게 시간표가 아닌 견본을 보여 준다. 다윗은 우리가 걸어가야 할 방향을 보여 주고 있다.

여호와는 나의 힘과 나의 방패이시니
내 마음이 그를 의지하여 도움을 얻었도다
그러므로 내 마음이 크게 기뻐하며 내 노래로 그를 찬송하리로다 에베소서 6장 10-20절과 5장 18-20절에 나타나는 일반적인 권고의 내용이 이 주제에 대한 개요를 놀라울 정도로 정확하게 설명하고 있다. 정직한 감사와 기쁨은 영적 전쟁의 본질이다. 많은 시편에서 그러하듯 하나님의 영이 에베소서 전체에 커다란 환희와 감사를 불러일으킨다. 영적 전쟁은 암울하고 불안을 야기하거나 피해 망상적이고 미신적인 것이 아니며 마술적이나 주술적인 것도 아니다. 주님께서 위기 때마다 우리의 힘과 방패가 되어 주심을 증명하셨다. 그리고 주님이 우리 가족을 긍휼히 여기셔서 딸의 증상이 완화되었다. 수개월, 또 수년이 지났다. 위협은 점점 멀어져 갔지만 우리는 이를 잊지 않았다. 우리는 신뢰했고 도움을 얻었다.

이것이 이야기의 끝이 아니었다. 정확히 3년 뒤에 갑자기 마른하늘에 날벼락이 떨어졌다. 딸은 교환학생으로 우간다에서 한 학기를 보내고 있었다. 대학교 의사가 학생들이 복용하고 있던 말라리아 예방약의 중요성에 대해 설명하고 있었다. 의사는 지나가는 말로 이 약이 우리 딸이 겪었던 희귀 증상을 유발할 수 있다고 언급했다. 딸은 예전의 기억과 발병 가능성에 몸을 떨었다. 그래서 약을 바꾸었다. 우리는 신뢰했고 도움을 얻었다. 다행히 딸에게는 아무 문제도 일어나지 않았다.

만약 딸의 컨디션이 악화되었으면 어땠을까? 만약 지금 상태가 좋지 않아 온몸이 극심한 고통으로 무너졌으면 어땠을까? 그랬다면 아주 힘든 길을 가게 되고 많은 유혹에 빠지게 되었을 것이다. 하지만 에베소서와 시편에서 우리에게 부각시키는 생명의 길은 여전히 생명을 위한 길임이 틀림없다. 모든 상황 속에서 주님이 주시는 능력과 방패로 인해 우리는 구하고, 찾고, 기뻐할 수 있다.

나는 다른 사람들을 위해 중보한다(28:8-9). 이 시편은 에베소서 6장 18-20절과 같은 방식으로 마무리 짓고 있다. 다윗은 자신을 넘어서 그가 받은 것을 필요로 하는 사람들에게 손을 뻗는다.

여호와는 그들의 힘이시오
그의 기름 부음 받은 자의 구원의 요새이시로다
주의 백성을 구원하시며 주의 산업에 복을 주시고
또 그들의 목자가 되시어 영원토록 그들을 인도하소서

다윗은 모든 형제자매들을 위해 주님의 능력에 대한 믿음을 공표한다. 그는 하나님의 사람들을 위해 중보한다. 우리는 우리의 목자 되시는 주님의 능력, 피난처, 그리고 구원하시는 보살핌이 필요하다. 다윗도 우리를 위해 기도하고 있다.

당신도 다윗, 예수님, 그리고 우리 가족이 겪었듯이 여러 다양한 대적, 유혹, 전쟁을 대면하고 있다. 우리 가족이 그랬듯이 당신도 주님이 주시는 힘과 방패가 필요하다. 바로 이 이야기가 시편 28편과 에베소서에서 얻을 수 있는 지혜를 통해 우리 주 그리스도의 길에 대해 더 깊이 깨닫게 하는 선물이 되기를 기도한다.

7장
주술과의 충돌

주술적 행위를 했던 전력이 있는 사람들은 종종 축사 의식을 해야 한다고 주장한다. 이러한 주장은 언제나 사람들이 얼마나 깊이 어둠에 얽매여 있는지, 얼마나 떨치고 나오기 어려운지, 얼마나 혼란스러워하고 사악하게 변하는지, 얼마나 악한 기운을 내뿜는지를 직접적으로 경험한 것에 근거해 제기된다. 하지만 이러한 경험을 해석하고 반응할 때 예비 상담가들은 주술을 행하는 사람들에 대해 성경이 보여 주는 놀라운 전례를 무시하는 경우가 많다. 성경에 등장하는 사역의 패턴과 변화 과정에 대한 묘사는 놀라울 정도로 일관적이면서 지극히 '정상적'이다. 주술적 행위로부터 구제하는 사역은 내주하고 있는 악령을 내쫓는 그 어떤 형태의 축사 의식도 포함하고 있지 않다.[1] 이에 대해 세 가지 예시를 들어 생각해 보려고 한다.

---

1) 행 16:16-18은 예외적인 사례로 보인다. 각주 3을 참조하라.

첫째, 므낫세 왕은 "이방 사람의 가증한 일"을 따르는 것의 끝판 왕이었다(왕하 21:2). 그의 전기를 읽다 보면 주술적 행위의 걸어 다니는 백과사전을 보고 있는 듯하다. 그는 다양한 우상들을 섬기고 자신의 아들을 인간 제물로 바치고 점술과 징조, 마술을 사용했다. 그뿐 아니라 영매와 주술사를 찾았다. 므낫세 왕은 자기 아들들 외에 "무죄한 자의 피를 흘려 그의 피가 예루살렘에 가득하게"(왕하 24:4) 하였다. 성경이 므낫세 왕의 악행과 폭력적 죄악을 나열한 후 마지막에 "여호와께서 보시기에 악을 많이 행하여 그 진노를 일으켰으며"(왕하 21:6)라고 결론 내린 것은 지극히 절제하여 표현한 것처럼 보인다.

그래서 므낫세 왕은 어떻게 되었는가? 선지자들은 주님의 말씀으로 므낫세 왕에게 날카롭게 지적했다(왕하 21:10; 대하 33:18). 하지만 그는 그들의 말을 듣지 않았다. 결국 하나님은 그에게 고통스러운 심판을 내리셨다. 므낫세 왕은 사로잡혀서 쇠사슬로 결박당해 바벨론으로 끌려가게 되었다. 그러자 그는 변했다. 환난 중에 그는 하나님 앞에 자신을 겸손히 하고 자비를 간구했다. 그의 간구에 하나님의 마음이 움직여 자비롭게 그를 회복시키셨다. 그 후 므낫세 왕은 믿음의 사람으로 여생을 살게 된다(대하 33:10-20).

여기에 나타나는 패턴에 주목해 보자. (1) 사악한 행위에 깊이 빠져 있음, (2) 말씀의 날카로운 사역, (3) 타협하지 않은 것에 대한 부정적 결과, (4) 깊은 회개의 믿음, (5) 회복과 열매 맺는 삶. 그가 저지른 죄에서 나타나는 영적 사악함의 정도는 사역의 형태나 변화의 역동성에 변화를 주지 않는다. 나중에 우리는 성경에서 마귀를 쫓아내는 것이 어떻게 나타나는지 살펴보게 될 것이다. 여기에서 주목해 볼 점은 문제가 사탄에게 도덕적으로 매여 있는 것이라면 축사 사역은 절대 관행적으로 이루어지지 않는다는 것이다.

둘째, 빌립이 사마리아에서 그리스도를 전파하고 있을 때 시몬이라 하는 자가 큰 능력으로 마술을 행하고 있었다(행 8:9-24). 시몬이 복음을 들었을 때, 그는 믿고 세례를 받았다. 그는 놀라운 표적을 보았고 빌립이 부정한 영을 쫓아내고 다른 이들은 치유하는 능력을 보았다(8:6-7, 13). 또한 베드로와 요한의 손을 통해 성령님이 임하시는 것을 보고 자신도 그 능력을 갖게 해달라고 사도들에게 돈을 내밀었다. 많은 그리스도인들은 이를 보고 시몬의 영혼에 마귀의 힘이 마치 개종하기 전 삶의 더러운 흔적처럼 남아 역사하고 있음을 알아챌 수 있을 것이다. 사역적 측면에서 그들은 시몬에게서 그 흔적을 몰아내는 방법을 모색했을 것이다.

만약에 축사 사역이 주술을 행하는 자들의 죄를 다루는 방법이었다면 시몬에게야말로 이를 행해야 했을 것이다. 악귀를 쫓아내서 치유하는 사역은 문맥 안에서도 일어나고 있다. 하지만 베드로는 이와 완전히 다른 방향으로 나아간다. 그는 시몬을 따끔하게 꾸짖으면서 그의 행동과 동기에 대한 책임을 묻고 회개할 것을 촉구한다. 다음은 베드로가 시몬에게 한 말이다(행 8:20-23).

> 베드로가 이르되 **네가 하나님의 선물을 돈 주고 살 줄로 생각하였으니 네** 은과 **네가** 함께 망할지어다 하나님 앞에서 **네 마음이 바르지 못하니** 이 도에는 네가 관계도 없고 분깃 될 것도 없느니라 그러므로 **너의 이 악함을 회개하고 주께 기도하라 혹 마음에 품은 것을** 사하여 주시리라 내가 보니 **너는 악독이 가득하며 불의에 매인 바 되었도다**

성경 전체를 봐도 이와 같이 장황하게 한 사람을 책망하는 부분은 없다. 주술적 행위를 하고 남의 것을 탐내는 것은 죄다. 그리고 이러한 죄는 축사 사역이 아닌 회개로 처리해야 한다.

셋째, 예수 그리스도의 복음이 여러 나라에 전파될 때 1세기 기독교 개종자들의 대부분은 우상 숭배, 다신교, 주술적 행위, 악마 숭배의 배경을 가지고 있었다는 점은 주목할 만하다. 물론 일신교의 유대인과 그들의 비유대인 추종자들, 그리고 상당수의 이성주의 철학자들은 예외였다(행 17장). 하지만 대부분은 여전히 어둠의 세력을 숭배했다. 신약에 실려 있는 사도들의 서신들은 그들에게 쓰여 보내졌다. 여기서 우리는 교회가 이러한 사역을 어떻게 해야 할지 배울 수 있다. 바로 날카롭게 죄를 지적하면서 자비로 충만한 진리를 선포하고, 정직하게 하나님께 의존하여 기도하고, 믿는 대로 살고, 함께 예배하며, 인간의 필요를 충족시키는 진정한 선을 행하고, 실수를 인정하면서 회개하는 것 등을 말한다. 어떤 사람이 주술적 배경에서 왔다고 해서 이 전략이 바뀌지 않았다. 현대 서구 사회에서 겉으로 드러나는 우상 숭배, 주술 행위, 그리고 사탄 숭배는 비이성적인 행위로 여겨진다 (하지만 다른 세계의 많은 곳에서는 이런 행위들이 자행되고 있다). 바울, 베드로, 야고보, 요한은 이러한 사람들을 위한 전략을 개발했는데 그것은 바로 '정상적인' 사역 방법이었다. 이 방법은 주술과 관련된 죄뿐 아니라 다른 모든 형태의 죄들을 다루기 위해 고안되었다.

마태복음, 마가복음, 누가복음, 사도행전에서 축사 사역 이해하기

이에 비추어 볼 때, 복음서에서 예수님이 행하신 축사 사역과 사도행전에 기록된 제자들이 귀신을 쫓는 장면을 어떻게 이해해야 할지 의문이 들 수 있다. 마태복음, 마가복음, 누가복음, 사도행전에는 예수님과 그의 제자들이 악귀를 쫓아냄으로 치유하는 기적이 많이 나온다. 이러한 사역은 귀신 들려 있던 자들에게는 기쁨을 가져다주고 자비로운 능력을 목격한 자들에게는 놀라움을 선사했다. 다양한 자비로운 사역으로 예수님은 자신의 신성한 힘을 보여 주신다. 주린 자들을 먹이시고, 폭풍우를 잠재우시며, 아픈 자들을 낫게 하시고, 귀신을 쫓아내시고, 죽은 자를 다시 살리시고, 심지어 베드로를 위해 세금 낼 돈까지 구해 주신다. 이 모든

것을 한마디의 명령이나 손으로 만지심으로 행하신다.[2]

성경은 이러한 축사 사역을 사탄의 **도덕적** 권위, 우리가 죄와 싸워야 하는 전쟁과 연결 짓지 않는다. 이러한 사역은 고통받는 자들을 위한 자비 사역의 일환이었지 우리가 어둠의 권세의 삼두 정치와 맞서 싸우는 전투에 관한 것이 아니다. 복음서와 사도행전에서 소위 죄악의 "마귀"라는 것들, 예를 들어, 교만, 분노, 욕정, 중독 등은 한 번도 명시되거나 언급되거나 묶임을 당하거나 쫓겨난 적이 없다. 심지어 죄는 마귀로 인한 고통이나 장애를 초래한다고 언급된 적도 없다.

모든 고난은 궁극적으로 죄의 저주에 기인한 것이지만 복음서는 다른 방향으로 이에 접근한다. 고통받는 자들에게 자비를 보이는 것, 그리고 회개하지 않을 때 받게 될 저주에 대한 경고가 일관적인 주제다. 구약에서 사울은 하나님께서 보내신 악령에 시달리는 것으로 자신의 죄에 대한 벌을 받았다(삼상 16:14-23). 그 악령은 사울의 죄를 야기하지도 않았고 그를 속박하지도 않았다. 악령은 사울의 죄 때문에 그에게 고통을 가했다. 다윗의 연주가(아마 노래하는 시편이었을까?) 악령을 쫓아내고 고통을 완화시켰다.

---

2) 예수님의 (그리고 현재 우리의) 자비 사역이 어떻게 고통을 완화시키는지에 대한 다른 질문들은 이 장에서 다루는 범위를 넘어선다. 예를 들어 예수님의 선한 행위는 극적이면서 행위적인 언어와 행동으로 행하신 것이다. 우리에게 선한 행위란 의존적인 기도와 사랑의 행위로 바뀐다. 이것은 원인이 무엇이든 간에 겪고 있는 고통을 치유하는 방법에 광범위한 영향을 미칠 수 있다. 사역을 하는 방식의 특수성을 논하고자 한다면 저자가 쓴 「능력 대결」(*Power Encounter*, pp.77-92, 재인쇄본)에서 발췌한 부분을 포함하고 있는 부록을 참고하라.

맹인으로 태어난 사람의 경우처럼 중점은 누가 죄를 지었느냐가 아니라 예수님을 통해 하나님의 자비로운 행위가 나타나는가에 있다(요 9:3). 메시아의 표적은 고통과 괴로움이 승리하는 것 같아 보이는 세상에서 선한 일이 일어나는 것이다.

성경에 나타나는 축사 사역은 치유의 부분 집합이라고 할 수 있다.[3] 성경에서 어떤 고통은 마귀의 소행인 것도 있고 다른 원인을 가지고 있는 것도 있다. 이것은 하나의 개별적 사건뿐 아니라 예수님께서 하신 행위를 요약해 봐도 확실히 알 수 있다. 다음 본문에서 그 예를 볼 수 있다.

> 예수께서 온 갈릴리에 두루 다니사 그들의 회당에서 가르치시며 천국 복음을 전파하시며 백성 중의 모든 병과 모든 약한 것을 고치시니 그의 소문이 온 수리아에 퍼진지라 사람들이 모든 앓는 자 곧 각종 병에 걸려서 고통 당하는 자, 귀신 들린 자, 간질하는 자, 중풍병자들을 데려오니 그들을 고치시더라_마 4:23-24; 눅 7:21 참조

---

3) 한 예외의 사건이 행 16:16-18의 점치는 귀신 들린 여종에 대한 이야기에 나타난다. 바울은 며칠 동안 그 여종을 무시했지만 결국 심히 괴로워 귀신에게 떠나라 명한다. 이 예외적인 사건이 규칙을 증명한다. 이 소녀는 자신을 착취한 인간 주인에게나 어둠의 영이 주는 초자연적인 능력에 매인 종으로 그려진다. 모든 축사 사역이 그렇듯 이 이야기에서도 여종이 가지고 있을 법한 죄에 대한 언급이 전혀 없다. (있어 봤자 주술적 힘을 추구한 것이나 불신 정도가 있을까?) 그녀는 그리스도의 말씀을 여러 번 들어왔지만, 그 말씀이 믿음으로 이어졌음을 보여주는 증거는 없다.

귀신 들린 것은 치유 받아야 할 고통 중에 하나다. 성경에서 묘사하는 축사 사역을 보면 귀신 들려 고통받는 사람들은 시각장애인, 청각장애인, 지체장애인, 혹은 간질을 앓고 있는 자들이었고, 가장 극단적인 경우 알 수 없는 극심한 고통에 시달려 정신이 나간 사람들도 있었다(막 5:1-20; 삼상 16:14-23 참조). 그들의 고난은 마귀의 소행으로 인한 것이었고 예수님은 그들을 치유하셨다. 어떤 사람이 예수님을 알아보고 마귀의 목소리로 외칠 때에도(막 5:7-12; 눅 4:34) 성경은 그 사람이 죄를 짓고 있다고 지적하지 않는다. 모든 사건이 단순하게 자비의 치유로 묘사되면서 예수님이 메시아심을 나타내고 우리에게는 그를 믿어야 할 이유를 제시한다.

고통스럽게 괴로워하는 것은 어떤 도덕적 오명에 기인한 것이 아니다. 실제로 바울이 가지고 있던 육체의 가시, 즉, "사탄의 사자"(고후 12:7)를 설명하는 가장 타당한 해석은 그것이 마귀에 의해 야기된 신체적 고통이라는 것이다. 바울의 육체적 고통은 바울의 어떤 도덕적 오명이나 습관적 죄악과 관련이 없을 뿐만 아니라, 오히려 고통스러운 약함으로 인해 자만의 죄에 빠지지 않고 하나님의 자비와 능력에 의존하게 해주는 매개체가 되었다(고후 12:7-9).

다른 이들의 고통을 일시적으로 완화시킨 사건은 예수님의 전반적인 사역에서 특수한 역할을 한다. 예수님의 자비 사역은 순전하며 저주를 물리친다. 예수님의 치유하심, 먹이심, 폭풍을 잠잠케 하심, 그리고 죽은 자를 다시 살리심은 진실로 선한 행위지만 일시적인 것이었다. 이는 훨씬 더 좋은 무언가를 예표한다. 치유 받고, 먹고, 물에서 건지심을 받거나 죽음에서 다시 살아난 모든 이들이 또 다른 방식으로 고통받고 죽었다. 예수님은 궁극적인 우주적 전쟁에서 승리하는 사명을 감당하셨다. 요한복음에는 귀신 들려 아픈 사람에 대한 언급이 전혀 없지만 최강의 "축사 사역"을 선포하고 있다. 예수님께서 "이 세상의 임금이 쫓겨나리라"(요 12:31-33)라고 말씀하실 때 이것은 죄, 죽음, 사탄과 같은 모든 악을 하나님의 어린양의 죽음, 부활, 그리고 재림으로 영원히 멸망시키실 우주적인 축사 사역을 가리키신 것이다. 주 예수여, 속히 오소서.

8장
애니미즘과의 전투

애니미즘적 사상(무생물계에도 영혼이 있다고 믿는 세계관, 물신숭배—역주)을 가지고 살아가는 사람들에게는 특별한 종류의 축사 사역이 필요하다고 주장하는 그리스도인들이 많다. 어떤 이들은 주술적 행위와 그것을 숭배하는 믿음의 역사를 감안했을 때 에베소서 6장과는 완전히 다른 사역이 필요하다고 믿는다. 이 말은 처음에는 그럴 듯하게 들린다. 겉으로 나타나는 현상과 증상이 기이하기 때문이다. 하지만 우리가 봐왔듯, 성경에는 주술을 행하는 자들을 일반적이고 성경적인 영적 전쟁으로 다루는 놀라운 예시들이 나와 있다. 므낫세 왕(왕하 21장; 대하 33장) 그리고 시몬(행 8장)이 대표적인 예다. 다음 이야기는 현대에 일어난 일을 통해 성경이 우리에게 내리는 지침이 어떤 것인지 보여 준다.

유럽 출신의 내 친구는 1980년대에 서아프리카의 한 시골로 장기 선교를 갔다. 신학 대학교에서 가르치기도 하고 교회를 개척하여 목회자 사역도 시작했다. 그가 도착했을 때 그가 잠재적으로 가지고 있던 이성적 서구의 세계관은 그가 대면한 충격적인 힘에 의해 산산조각 났다. 그는 애니미즘, 마술, 부적, 기괴한 목소리와 다양한 신체적 효과, 몽환 상태와 환각, 기묘한 마귀의 존재 속에 있는 듯한 강한 감정을 목격했다. 이러한 현상은 그리스도 신자, 불신자 할 것 없이 나타났다. 그는 영적 전쟁에서 흔하게 쓰이는 축사 사역을 적용했고 눈에 보이는 성공을 경험했다.

하지만 시간이 지날수록 그는 자신이 하고 있는 사역의 적법성과 효능에 대해 의구심을 갖게 되었다. 우선, 그 순간에는 극적으로 보일 수 있더라도 축사 사역 사건이 장기적으로 한 개인의 삶에 선한 영향을 미칠 것이라 장담할 수 없음을 알게 되었다. 치유의 결과가 축복, 혹은 안정감, 영적 성장으로 나타나지 않은 것이다. 이와는 대조적으로 죄에서 돌이켜 그리스도에게로 들어온 사람들이야말로 변화된 삶을 살았다. 열매 맺은 삶을 살아간 사람들은 일반적인 믿음의 것들을 행했다. 일반적이라고 해서 무의미하게 반복되거나 형식적이거나 기계적인 것을 의미하지는 않았다. 성경 말씀, 정직한 고백, 회개, 기도와 예배 속 솔직한 믿음, 필수적인 교제와 책임감, 실질적인 순종을 포용하는 것을 의미했고, 이것들은 이 책을 쓴 목적이기도 하다. 하지만 일반적인 것들이 내면에 뿌리내리지 못한 사람은 계속해서 죄악, 두려움, 애니미즘적인animistic 혼돈 속에 살아갔다.

내 친구는 계속해서 말씀을 묵상하고 그의 경험들을 돌아보면서 자신이 가지고 있던 관점과 행했던 축사 사역이 실패였으며 성경적이지도 않다는 결론을 내렸다. 그렇다면 친구가 대면하고 있던 어둡고 기묘한 증상들은 무엇이었을까? 물론 마귀의 수장과 그 추종자들이 이에 밀접하게 연루되어 있기는 하다. 하지만 다양한 현상, 요컨대 기묘한 도덕적 악, 거짓말, 두려움, 혼란, 적대감은 고난의 세상에서 인간들이 일반적으로 겪는 경험으로 귀결된다. 시편 28편에 대한 논의에서 언급했듯이, 사람들은 많은 것들, 즉 병이나 가난에 의한 고난, 다른 이들로부터 받는 적대감과 불공정함, 양심의 가책, 우리를 노예로 부리려는 사탄의 잔혹함, 임박한 죽음의 위협 등에 의해 극심한 고통을 겪는다. 진심을 다해 하나님께 "악에서 우리를 구원하소서. 자비를 베풀어 주옵소서, 오 주님"이라고 부르짖는 것은 언제나 옳다. 하지만 애니미즘적인 세계관은 깨어진 삶 내면에 상주하고 있는 영과 능력 대결power encounter을 해야 할 것처럼 느끼게 만들었다. 내 친구는 이러한 인간의 더 깊은 필요를 보게 되었고 다른 방식으로 접근하기 시작했다.

그는 좀 더 신중하게 인내심을 가지고 연구를 진행했고 집중적으로 말씀과 기도 사역을 하기 시작했다. 사람들의 삶에 또 어떤 다른 일들이 일어나고 있는지 찾으려 노력했다. 친구는 어두운 비밀들과 관계적 문제들을 발견했고 죄를 짓게 하고 죄로부터 기인하는 삶의 고통을 보게 되었다. 비밀스러운 불륜 사건, 재정적 부패를 행하는 죄들을 알게 되었다. 또 아이가 아파서, 혹은 극심한 가난 때문에 마술사를 찾고 부적을 지니고 다니는 그리스도

인도 만났다. 가장 많게는 원망과 증오, 화해하지 못한 깨어진 관계들을 발견하게 되었다. 거짓 비난도 흔히 나타나는 관계적 문제였다. 고통과 예상치 못한 죽음을 앞에 두고 그들은 자신의 전통 문화를 빙자하여 비난의 화살을 쏠 대상을 찾고 있었다. 비난의 화살은 대부분 "마녀" 혹은 "마녀의 자식"을 향했다.[1]

이 모든 사례들에서 기묘한 현상이 나타났다. 거짓말쟁이, 비난자, 살인자인 사탄이 이 모든 것의 배후에 있지만 이때까지 해석되어 왔던 방식이 아닌 모양으로 일한다. 그들이 가지고 있던 애니미즘적인 세계관은 또 다른 거짓말이었다. 즉 마귀가 마귀에 대해 '가르치는 것'으로써, 미신과 두려움을 조장하는 것이었다 (딤전 4:1). 내 친구는 복잡미묘한 영적, 도덕적 문제를 들춰내고 있었지만 '육'이 어디서 끝나고 '세상'은 어디에서 시작되는지, 그리고 '세상'은 어디서 끝나며 '마귀'는 어디에서 시작되는지 구분할 필요가 없었다. 악의 세력은 협력하여 행동한다. 그래서 도덕적 눈가림과 파괴를 조장하는 마귀의 역할이 어디서 시작해서 끝나는지 판단할 필요가 없다. 전쟁의 안개 속을 우리는 꿰뚫어 볼 수 없다. 하지만 그리스도의 진리와 능력은 모든 차원에서 동시에 작용한다. 우리는 포괄적으로 우리를 악에서 구원해 달라고 주님과 함께 중보해야 한다.

내 친구는 비정상적인 것을 정상화하고, 기괴한 것을 인격화

---

1) 마술에 대한 세속적 연구에서도 관계의 깨짐이 기묘한 현상의 배후가 되고 고백과 용서로 문제가 해결된다고 주장한다.

했으며, 혼란스러운 표면의 배후를 살피고 사역할 방법을 모색했다. 그는 모든 종류의 마귀를 어떻게 다루어야 하는지에 대한 성경의 가르침대로 기괴한 마귀를 대했다. 다시 말해, 명백한 성경적 진리, 그리스도의 자비와 능력을 간구하는 담대한 믿음의 기도, 진정성 있는 예배, 의미 있는 교제 등의 방식으로 다루었다. 사람들은 자신의 죄와 두려움 그리고 혼란을 빛 가운데로 가지고 왔다. 그들은 그리스도의 자비와 도우심을 발견했고 새로운 삶 속에서 행했다. 기괴한 증상들은 사라졌다. 성경적 현실이 그들의 거짓된 세계관을 점진적으로 대체했다.

내 친구는 서구의 이성주의에 치우쳐 있는 그리스도인의 믿음을 가지고 선교 사역지로 갔다. 서로 다른 문화적 경험에서 처음 받은 충격으로 인해 그의 믿음이 전통적 애니미즘적인 세계관으로 기울어지기도 했다. 하지만 사역을 경험해 가고 성경을 묵상하면서 사람들에게 겸손하고, 담대하며, 진실을 선포하고, 기도하며, 사랑으로 접근하는 방식을 점점 더 형성해 갈 수 있었다.

진정한 영적 전쟁은 비정상적인 것들을 정상화하고 사람들이 애니미즘적 세상에 빠지지 않고 그리스도가 계신 현실 안에 살 수 있도록 도와준다. 친구는 죄와 두려움의 혼돈 속에 있는 사람들을 노예로 만드는 세력과 대항하여 진정한 영적 전쟁을 치르고 있었다.

9장
한 사람에게 집중하는 영적 전쟁

모든 사람에게 말씀과 기도의 사역이 필요하다. 심리학적 요인이 확실하게 연루되어 있는 상황에서도 사역은 다른 적절한 보살핌과 함께 언제나 필요하다. 예를 들어, 노화로 인한 치매, 우울증, 뇌 손상, 정신 분열증, 아편 중독과 같은 상황에서도 그렇다. 우리는 암, 당뇨, 수술 후유증과 같은 육체적 질병을 가지고 있는 사람들에게 사랑이 넘치고 진정성 있는 기도 사역을 베풀 수 있다. 그리고 우리는 파괴적인 정신적, 감정적, 관계적 문제를 겪고 있는 사람들도 도와줘야 한다. 모든 신체적 문제 속에는 언제나 한 사람이 있다. 영적 전쟁을 제대로 이해한다는 것은 육체적으로 어떤 일이 일어나고 있든지 간에 힘과 지혜가 가장 필요한 한 사람에게 도움을 주는 것이다.

다음은 나의 동료이자 친구가 겪은 이야기다. 그는 지혜로운 상담자이며 기괴하고 복잡한 문제들 사이에서도 의연한 태도를 잃지 않는 특별한 능력을 가지고 있다. 그는 큰 곤경에 빠져 있는 사람들을 사랑한다. 어느 주일 예배가 끝난 후 그는 사람들이 교제하는 방에서 소동이 일어났다는 얘기를 듣고 무슨 일인지 알아보기 위해 그곳으로 갔다. 호리호리한 20대쯤으로 보이는 한 여성이 통제 불능 상태로 온몸을 비틀다가 사람들을 물고, 여러 개의 다른 성격과 목소리로 바꿔가면서 히스테리를 부리며 소리를 지르고, 짐승같이 굵은 목소리로 신성모독의 말들을 내뱉으며 빠져나가려고 애를 쓰고 있었다. 한 무리의 사람들이 그녀 주위에 모여 있었다. 어떤 사람들은 물리적으로 그녀를 압박하려고 했지만 그녀가 헤라클래스 급의 힘을 가지고 있었기에 몸부림치는 그녀를 도저히 통제할 수 없었다. 또 다른 이들은 큰 소리로 명령하며 귀신을 쫓아내려 했다. 그중에 '영적 전쟁 사역'의 베테랑이라고 자처한 한 사람이 자신감에 찬 지배적인 태도를 가지고 사태를 주도하고 있었다. 그는 그녀의 괴력, 짐승 같은 소리, 불경스러운 목소리, 다중 인격의 모습으로 보아 마귀가 그녀를 장악했고 그녀를 대변자로 사용하고 있다고 해석했다. 그리고 그녀가 몸을 웅크리는 것은 그가 마귀를 묶고 떠날 것을 명령한 것에 '마귀가 두려워서' 그러는 것이라고 해석했다.

존경받는 장로였던 내 친구는 모여 있는 사람들을 물러서게 했다. 그리고 그 여자로부터 2미터 정도 떨어진 바닥에 앉아 조용히 그녀를 안심시키며 말했다. 다행히 그녀는 대답을 할 수 있을 정도로 진정되기 시작했다. 방금 일어난 격렬했던 상황 때문에 지쳐 있었지만 이성적으로 말할 수 있었고 이내 일어난 사건에 대해 이야기하기 시작했다. 이 첫 대화가 열매 맺는 목회적 우정의 시작이었다. 그 후 몇 주 동안 이 둘은 몇 시간씩 대화를 나누었다. 그녀는 극도로 두려움에 떨고 있었고 압도적으로 여리고 취약한 모습을 보였다. 알고 보니 그녀는 어린 십 대일 때 성폭행을 당했던 사건을 받아들이지 못하고 있었다. (많은 축사 사역에서 이는 마귀가 내주하게 되는 계기가 된다고 해석한다.) 그녀는 아무에게도, 심지어 부모님에게조차 이 일을 말할 수 없었다. 고통, 공포, 위협받는 느낌이 떠나지 않았다. 성폭행범이 그녀에게 했던 끔찍한 말에 대한 생생한 기억들을 떨쳐낼 수도 없었다. 입에 담을 수 없는 악행을 설명할 길 없이 절망적인 고통 가운데 있을 뿐이었다. 매일의 삶에서 그녀는 종종 산산조각으로 깨지기 일보 직전의 느낌을 느꼈다. 다른 사람들이 가까이 다가와 물리적 혹은 심리적 공간을 침범했다고 느끼면 난폭하게 대응했고 다중 인격적 성향으로 돌변했다. 그녀는 수치심과 더러움으로 온 마음을 빼앗겨 버렸고 다른 이들의 시선에 노출되는 것을 극도로 두려워했다. 그녀의 세계는 온통 두려움으로 칠해져 있었다. 내면에서 두려움의 지수가 올라가기 시작할 때마다 쓸 수 있는 자원도 없었고 그리스도께 도움을 구하는 방법도 알지 못했다. 피난처와 힘도 없었고 직면한 현실적 문제에 직접적인 도움을 구할 방법도 없었다.

그렇다면 그날 아침 교회에서 그녀는 왜 벌컥 뒤집어졌는가? 왜 다중 인격이 나타났던 것인가? 왜 짐승처럼 행동하고 그런 소리를 냈을까? 이런 질문들은 우리가 불가지론적인 태도를 고수하기 위해 하는 퍼즐과 같다. 그녀에게 다중 인격 장애 혹은 해리성 정체 장애라는 병명을 붙인들 설명해 줄 수 있는 것은 거의 없다. 귀신 들렸다고 그녀의 문제에 이름을 붙이는 것 또한 별 도움이 되지 않는 추측일 뿐이다. 성경에 등장하는 귀신 들림으로 육체적 고난을 갖고 있던 사람들은 그녀가 했던 행동이나 말들을 하지 않았다. 애먼 꼬리표와 추측은 우리의 주위를 분산시켜 곤란에 처한 한 젊은 여성을 보살피고 내면에 어떤 일이 일어나고 있는지 알아보는 등의 진정한 도움을 제공하지 못하게 한다.

나중에 그녀는 그날 아침에 무슨 일이 일어났었는지 이야기할 수 있었다. 그녀는 고통을 느끼고 무너지기 시작했다. 사람들이 주위에 몰려들어 그녀의 물리적, 심리적 공간을 큰 소리로 명령하며 침범하자 그녀는 극도의 공포를 느꼈다. 자신의 문제를 귀신 들린 것이라 말하는 소리는 그녀를 극심한 고통 속으로 몰아넣었다. 자신의 히스테리 반응까지도 그녀를 공포에 질리게 만들었다. 하지만 내 친구가 보여 준 든든하면서도 겸손한 친절과 분별력이 천천히 그녀를 안심시켰다. 그는 그녀를 내면에서부터 끄집어낼 수 있었다. 그렇다면 그녀에 대해 더 많은 것을 알게 되면서 이 젊은 여성의 삶의 모든 꼬인 부분과 굴곡을 설명할 수 있었을까? 그렇지 않다. 그녀에게 일어났던 입에도 담을 수 없는 악행을 설명할 수 있었을까? 그렇지 않다. 하지만 두려움, 거짓말, 고통, 폭력, 억압, 수치심, 숨 막히는 어둠, 혼란이 지배하는 곳에서 우리는 이것들이 그리스도가 아닌 사탄의 왕국의 특징이라는 것을 알 수 있다. 내 친구는 성경이 우리에게 가르쳐 주는 대로 행하여 비정상적인 것을 정상적으로, 기괴한 것을 인격적으로 다루었다.

무엇이 이 젊은 여성에게 도움이 되었을까? 처음에 그는 그녀를 위해 조용히 기도했다(하나님은 목소리의 크기와 상관없이 솔직한 중보기도를 듣고 응답하신다). 그리고 그녀에게 부드럽게 말을 건넸다(그녀를 무시하지 않고 귀신이 들렸다고 큰 소리로 제어하려 하지 않았다). 끝에는 그녀와 함께, 또 그녀를 위해 분명하게 기도했다(사람들이 예측했던 것처럼 마귀에 대항하여 큰 소리로 기도하지 않았다). 시간이 지나면서 그는 그리스도가 어떻게 이 두려움에 떨고 있는 젊은 여성을 만나 주시는지 보여 주는 삶을 살았고, 본이 되었으며, 이를 전했다(어떻게 애니미즘적 시각이 두려움을 조장하는지 설명하지 않았다). 그는 기도와 상담을 통해 그녀의 고통과 두려움을 우리 주님의 자비와 보호하시는 능력의 약속 안에서 모아 주었다. 그들은 하나님의 음성을 듣는 것에 대해 이야기했다. 또한 성폭행범의 진리에 반反하는 목소리에 내주하는 거짓 세력을 드러냈다. 사탄이 거짓말쟁이고 살인자인 것처럼, 그도 거짓말쟁이고 한 소녀의 순수함을 죽인 살인자였음을 인정했다. 어떻게 그녀는 단순히 자신의 과거가 사라질 것이라는 헛된 소망을 버리고 그리스도께 자신의 소망을 둘 수 있었는가? 그들은 에베소서 4장 29절 말씀처럼 교회 사람들과 대화를 나눌 때 나타나는 작은 순종과 진정한 상호 우정을 쌓은 작은 실천들에 대해 나누었다. 그들은 또한 하나님께 온전히 받아들여지고 사랑받고 있음에 대해 이야기했다. 내 친구와의 대화를 통해 그가 말하는 것들이 구체화되었다. 사람들에 대한 그녀의 두려움을 심도 있게, 또 직접적으로 다룰 수 있게 되었다. 그러면서 그녀의 세상은 정리되어 갔다. 내면의 공황상태가 힘을 잃자 겉으로 드러나던 히스테리도 더 이상 유일한 탈출구가 되지 않았다. 그녀는 애니미즘적인 세계관에 의한 오싹한 귀신이 아닌, 죄와 오히려 죄의 희생양이라고 말하는 진짜 마귀, 거짓말하고 죽이는 진짜 악마를 인지하는 법을 배웠다. 그리고 주님의 이름을 부르짖는 법을 알게 되었다. 그리스도의 안전하고 힘을 주는 진리를 자신의 솔직한 경험과 연결시키기 시작하면서 그녀는 믿음에 대해 배워 나가게 되었다. 그리고 사랑을 배우게 되었다.

다시 말하자면, 내 친구는 그 여성과 함께 세상, 육, 마귀의 목소리로부터 그녀를 자유롭게 하기 위해 영적 전쟁을 치른 것이다. 그는 그녀에게 어떻게 싸워야 하는지, 어떻게 능력의 하나님께로부터 힘을 구할 수 있고, 보호하시는 하나님 안에서 피난처를 찾을 수 있는지 가르쳐 주었다. 또한 그녀는 의미 있게 기도하는 법을 배우고 있었다. 신뢰하며 두려움의 세상에 맞서는 법을 배웠다. 사랑하면서 증오의 세상에 맞서는 법도 배웠다. 세상의 빛이신 그리스도의 몸 안에 사는 법도 배웠다. 위태로운 세상에서 그녀는 실제적으로 어둠에 맞서는 법을 배우고 있었다.

이 젊은 여성의 문제가 모두 사라졌을까? 물론 그렇지 않다. 그녀는 깊은 구덩이에서 빠져나오는 중이었고 이는 아주 오랜 시간이 걸리는 과정이다. 하지만 나중에 그녀는 교회에서 일어났던 사건이 진정한 전환점이 되었다고 이야기했다. 그때의 기괴한 경험을 통해 중요한 영적 실체를 더 절박하게 받아들이게 되었다. 누가 주권을 가지고 있는가? 누가 그녀의 반석이며 요새인가? 누구를 신뢰하는가? 더 이상 그녀 자신을 믿는 것은 선택지에 존재하지 않았다.

진정한 영적 전쟁은 문제를 넘어 한 사람을 보는 것이다.

10장
마지막 전투

상담 사역을 하다 보면 죽음을 눈앞에 둔 사람과 동행하는 기회들을 많이 접하게 된다. 당신 역시 확실히 그 전투에 맞닥뜨리게 될 것이다. 이것은 언젠가 우리 모두가 치르게 될 전투다. 의학이 발전했음에도 사망률은 꾸준하게 유지된다. 우리는 모두 죽는다. 우리 교회 목사님이 하신 말 중에 내가 좋아하는 표현이 있다. "의사들은 결국 환자를 100퍼센트 잃게 되지만 내 환자 중 몇 명은 영원히 살지요!"

이러한 전투는 어떤 양상으로 나타나는가? 그리고 심각한 진단을 받고 자신의 죽음을 받아들여야 하는 사람들에게 어떻게 소망을 가지고 살아가라고 말해 줄 수 있을까? 사탄이 미혹하는 자, 거짓말쟁이, 노예로 부리는 자라는 말도 맞지만 궁극적으로 그는 살인자다. 에덴동산에서 사탄은 아담과 하와를 죽이려 했다. 그는 거짓말과 계략으로 죽이고 파괴하려는 궁극적인 목적을 달성하려 했다. 아담과 하와가 "너는 확실히 죽지 않을 것이다"라고 한 그의 거짓말을 믿고 선악과를 먹었을 때 죽음이 우리의 세상으로 들어왔다. 확실히 아담과 하와는 죽었고 그 후로 우리 또한 히브리서에서 말하듯 평생을 죽음에 대한 두려움의 노예로 살게 되었다(히 2:15).

히브리서는 죽음을 앞두고 느끼는 두려움, 불안, 공포를 주관적인 감정으로 묘사할 뿐 아니라, 우리가 의식적으로 인지를 하든 안 하든 죽음으로 우리의 삶이 꺼질 것이라는 객관적인 실체를 이야기한다. 그리스도가 안 계시면, 죽음이 마지막 칼자루를 쥐게 되었을 것이다. 그렇기 때문에 누군가 죽음에 대해 냉소적이거나, 자만심에 가득 차 있거나, 무심하다 하더라도, 그는 여전히 노예로 묶여 있다. 언젠가는 죽음 앞에 고개를 숙여야 할 것이다.

그러므로 그리스도께서 다시 사셨다는 것은 얼마나 놀라운 복음인가! 히브리서는 어떻게 예수님이 우리를 죽음의 노예 신분으로부터 자유하게 하셨는지 다음과 같이 말하고 있다.

> 자녀들은 혈과 육에 속하였으매 그도 또한 같은 모양으로 혈과 육을 함께 지니심은 죽음을 통하여 죽음의 세력을 잡은 자 곧 마귀를 멸하시며 또 죽기를 무서워하므로 한평생 매여 종 노릇 하는 모든 자들을 놓아 주려 하심이니_히 2:14-15

예수님은 혈과 육으로 오셔서 우리의 삶뿐 아니라 죽음에도 온전히 들어오셨다. 하지만 자신의 죄 때문에 죽지 않으셨다. 그분께는 어떤 죄도 없었다. 그는 완벽한 인간이셨기 때문에 그분의 사람들을 위해 자신의 생명을 주실 수 있었다. 이 순전하신 분이 이 세상의 죄를 위해 자신을 내어주심으로 죽음의 세력은 깨어졌다. 「나니아 연대기: 사자, 마녀 그리고 옷장」에 등장하는 사자 아슬란은 루시와 수잔에게 "그 어떤 죄도 짓지 않았지만 기꺼이 자신을 내어주는 희생양이 배신자를 대신해 죽임을 당하면 그 탁자는 깨어지고 죽음 그 자체도 거꾸로 작용하기 시작하게 되는 것이란다"[1]라고 말한다. 예수님의 삶과 죽음, 그리고 부활은 죽음의 권세를 잡고 있는 마귀를 멸망시키고 믿음으로 예수님을 바라본 자들을 자유케 하였다.

죽음을 대면할 때, 우리는 삶의 모든 부분에서 그러하듯 똑같은 선택권을 갖게 된다. 누가 우리의 목자가 될 것인가? 시편 49편은 인간의 어리석은 교만함에 대해 이야기하는데, 선한 목자의 말을 듣지 않는 사람들의 삶이 어떻게 되는지 딱 한 줄로 요약한다. "사망이 그들의 목자일 것이라"(14절). 시편 1편에서 지적하듯 이들의 삶은 바람에 나는 겨와 같고 이뤄낸 모든 것들이 먼지가 되어 날아가 버릴 것이다.

상담가로서 우리는 예수님을 앎으로 어떻게 이 전투의 양상이 달라질 수 있는지 다른 이들과 나눌 수 있다. 그분을 신뢰하는

---

[1] C. S. 루이스, 「사자, 마녀, 그리고 옷장」(뉴욕 맥밀런 출판사, 1970), 160.

자들은 선한 목자 아래에 있다. 그리스도와 함께라면 "주님이 나의 목자 되시며" 모든 것을 얻을 수 있다. 우리는 이제 영원한 생명을 얻었고 죽음의 그림자 골짜기를 지나 영원히 주님의 집으로 우리의 선한 목자와 동행할 수 있다(시편 23편). 이것이 바로 죽음의 그림자의 골짜기와 죽음 그 자체를 대면할 때 우리가 전투에 대해 생각하고 임하는 방식의 틀을 형성하는 현실이다. 그렇다. 우리는 세상, 육 그리고 마귀라는 적과 맞서고 있다. 하지만 우리는 궁극적으로 반드시 승리하게 되어 있다. 가장 선한 것은 우리 자신 혹은 우리가 사랑하는 이들이 육체적으로 치유되는 것이 아니다. 가장 큰 선물은 우리를 위해 죽음을 이기시고 정확한 타이밍에 우리를 안전하게 집으로 인도해 주시는 예수님을 믿는 믿음이다. 그분이야말로 우리가 사탄에 대항하여 설 수 있도록 무기를 제공하시는 분이다. 그리고 우리가 이 전쟁을 치르기 위해서는 그리스도의 무기가 절실히 필요하다. 그것은 가장 어려운 환경 중 하나인 죽음 가운데 이뤄지는 믿음, 소망, 사랑을 위한 전투다.

6개월 전, 나는 췌장암 4기 진단을 받았다. 지금 이 글을 쓰면서 나는 죽음의 현실적 가능성을 마주하고 있다. 하나님의 은혜로 계속해서 일할 수 있었지만 남은 일을 처리해야 하는 내 심경은 복잡 미묘하다. 나는 지금껏 내가 맡았던 책임과 일들을 다른 이들에게 인계하고 있고, 내가 더 이상 이 세상에 있지 않을 미래의 계획을 세우는 일을 하고 있다. 우리 가족은 손주들과 함께 계속 커져 간다. 내가 다음 손주를 만나게 될 수 있을지는 미지수다. 내가 사랑하는 이들, 아내, 자녀들, 손주들, 모든 친인척들, 친구들, 직장 동료들 또한 나와 함께 이 전쟁을 치르고 있다. 우리 모두 죽음과 질병의 마귀와 대치하고 있다. 이 전쟁의 한가운데서 그리스도가 주시는 무기는 우리의 마지막 대적, 즉 죽음 그 자체와 싸울 수 있도록 우리를 지탱하고 무장시킨다.

이 전쟁에서 슬픔은 현실이다. 하지만 다른 어떤 인간의 경험과 마찬가지로 중요한 것은 당신이 그 경험을 가지고 무엇을 하는가에 있다. 슬픔은 어디로 가는가? 당신은 어디로 가는가? 나는 사람들이 자신의 죽음을 직면했을 때 슬픔으로 인해 꼼짝 못하고 얼어붙어 버리는 모습을 보았다. 그들 자신도 죽음에 대해 이야기하지 못했고 다른 이들도 그들에게 말을 꺼내지 못했다. 그들의 슬픔은 삶 속에서 엄청난 파장을 일으키고 확대되어 결국 그들 존재 전부를 집어삼켰다.

슬픔이 잘못된 것은 아니다. 슬픔은 이 세상의 깨어진 것들에 대한 괴로운 심정을 솔직하게 표현하는 방식이기도 하다. 여기에는 하나님께 도움을 구하기 위해 돌아서는 것과 우리의 고통을 듣고 보시는 선한 목자가 우리의 눈물을 세어 보시고 구원하심을 믿는 것도 포함된다(시 56:8). 어려운 일들에 대해 슬퍼하는 것은 하나님의 형상대로 지으심을 받은 모습의 일부분이다. 예수님께서는 십자가를 대면했을 때 슬퍼하셨다. "이 잔을 내게서 지나가게 하옵소서"라고 부르짖으며 피땀을 쏟으셨다(마 26:39).

십자가에 달리셨을 때, 예수님은 엄청난 고통과, 슬픔, 그리고 비통함을 호소하는 두 편의 시편 말씀을 인용하셨다. 그는 "내 하나님이여 내 하나님이여 어찌 나를 버리셨나이까"(시 22:1)라고 부르짖으셨다. 그리고 마지막 숨을 거두실 때는 "내가 나의 영을 주의 손에 부탁하나이다"(시 31:5)라고 말씀하셨다. 그러나 그 슬픔은 좌절과 절망을 향하고 있지 않았다. 죽음의 골짜기에서 하나님을 온전히 신뢰한 인자로서 소망과 기쁨이 그의 슬픔으로부터 솟아났다. 히브리서는 예수님이 "그 앞에 있는 기쁨"을 위해서 십자가를 견디셨다고 말한다(히 12:2). 예수님은 하나님의 말씀을 알았고 하늘에 계신 아버지를 믿었다. 그래서 이전에 광야에서 사탄의 유혹을 물리치신 것처럼, 절망하라는 사탄의 유혹에 대적할 수 있었다. 십자가에 매달리셨을 때 그분은 철저히 무능력했다. 그리고 완전히 의지했다. 그분은 스스로 살아날 수 없었다. 아버지께 의존해야만 했다. 그분은 자신을 죽음으로부터 구해 줄 생명의 성령님께 의지했다. 그래서 자기 자신을 하나님의 보호 아래 내려놓고 믿음 안에서 숨을 거두셨다. 예수님의 죽음으로 인해 우리도 우리의 영혼을 하늘 아버지의 손에 맡김으로써 죽음을 직면할 수 있게 되었다.

　　지금 나는 예수님을 나의 무기 삼고 성령님을 내 힘으로 삼아 마지막 전투를 치르도록 부르심을 받았다. 나는 우리 딸이 아프다는 소식을 들었을 때와 같은 종류의 유혹을 경험하고 있다. 세상은 치료약만이 우리의 유일한 희망이라고 말한다. 우리는 치유

책을 찾는 것에만 몰두하기를 원하지 않는다. 지혜로워지길 바란다. 그래서 우리는 기도한다. 우리는 주님이 함께하신다는 것과 우리의 선한 목자 되신다는 진리로 무장한다. 성령의 검을 들고 "한 날의 괴로움은 그 날로 족하니라"고 하신 예수님의 말씀을 기억하며 때를 따라 돕는 은혜를 구한다(마 6:34).

텔레비전, 스포츠, 음식 등과 같은 다양한 형태의 도피처로 피하고 싶은 유혹 또한 존재한다. 나의 도피처는 독특한 방식으로 나타난다. 나는 길고 긴 조셉 스탈린의 자서전에 빠지는 것으로 회피한다. 사실 독서가 잘못된 것은 아니지 않은가? 하지만 여기에는 내 문제에 적극적으로 참여하지 않으려는 유혹이 존재한다. 그러나 나는 선한 목자의 음성을 듣는다. 십자가에 달려 죽음을 직면했지만 여전히 생명이 충만하여 어머니를 보살피고 옆에 함께 달린 강도에게 생명의 말씀을 전하셨던 예수님을 기억하며 나도 삶에 참여할 수 있다. 나는 아내 낸, 가족, 친구, 직장 동료들과 함께 그리고 그들을 위해서 기도할 수 있다. 나는 양을 치는 위대한 목자이신 예수님께서 그들을 돌보실 것을 믿고 맡길 수 있다.

사탄의 거짓말을 듣고자 하는 유혹 또한 확실히 존재한다. 나는 사람들이 인격적으로, 상호적으로, 상황적으로 겪고 있는 실질적인 문제들에 그리스도와 그분의 말씀이 어떻게 중심적인 역할을 하고 긴밀하게 연결되어 있는지 알리는 것에 내 삶을 헌신했다. 하지만 사람들의 관심을 집중시키는 다른 많은 목소리들이 얼마나 아우성치고 있는지 또한 알고 있다. 이런 목소리들은 이렇게 외친다. "당신의 불안을 설명할 수 있습니다." "당신의 우울증을 해결해 줄 수 있습니다." "당신의 소통방식을 향상시킬 수 있는 세 가지 비법을 알려드리겠습니다." 세상, 육, 마귀의 목소리에 귀 기울이는 것은 참 쉽다. 그리고 진리를 잡고 있는 우리의 손아귀가 약해질 수도 있다는 것도 안다. 그럼에도 나의 관심사는 성경에 대한 충성심이 실제 행동으로 구현되어 다음 단계로 넘어가는 것과 더 나아가 예수님을 향한 신실함을 보이는 방식으로 주어진 도전에 맞서는 것에 있다. 염려될 때 나는 그리스도를 바라본다. 나는 성령의 검에서 비롯된 진리의 허리띠로 스스로를 동여맨다. 왜냐하면 교회를 세우신 이가 예수님이요, 음부의 권세가 그것을 이기지 못할 것이기 때문이다(마 16:18).

이 마지막 전투에 대해 묵상하면서 나는 주님이 내 전 생애를 걸쳐 이 전투를 위해 나를 준비시키셨다는 것을 알 수 있었다. 내가 기독교로 개종한 것은 두 사람의 죽음을 경험한 것에서 비롯되었다. 한 사람은 교통사고로 죽은 한 청년이었고 다른 사람은 내 할아버지였다. 이 두 죽음이 신발에 들어간 돌멩이 마냥 나를 괴롭혔다. 어떻게 한 청년의 삶이 순식간에 끝나 버릴 수 있는가? 어떻게 긴 여생의 끝에 다다랐을 때 존재적인 절망에 빠질 수 있는가? 나는 답을 알 수 없었다. 하지만 이를 통해 내가 얼마나 내 자신의 피할 수 없는 죽음에 종노릇하고 있었는지 조금은 깨달을 수 있었다.

죽음에 대한 혼란과 불신 그리고 두려움 속에서 하나님은 에스겔서 36장 25-27절 말씀을 통해 내 믿음을 회복시키셨다. 나는 예수님이 그분의 사람들에게 주시는 진리의 허리띠를 처음 접했다. 그리고 상처를 드러내고 치유하는 성령의 검도 처음 접했다. 그 순간 나는 바울이 고린도 교인들에게 한 말이 진리임을 깨달았다. "어두운 데에 빛이 비치라 말씀하셨던 그 하나님께서 예수 그리스도의 얼굴에 있는 하나님의 영광을 아는 빛을 우리 마음에 비추셨느니라"(고후 4:6). 내 마음에 빛을 비추시고 죄악과 죽음의 잠에서 깨우신 분은 하나님이셨다.

40여 년이 지난 오늘, 나는 죽음에 직면하고 있다. 하지만 믿음이 약해지기보다는 오히려 새로운 마음에 대한 약속이 진리임을 믿게 되었다. 하나님은 그리스도의 얼굴 안에서 하나님의 영광에 관한 지식을 전수하시기 위해 여전히 내 마음속 어두움에 빛을 비추고 계신다. 죽음의 실체는 하나님의 말씀의 진리가 내 안에 살아 숨 쉬게 했다. 나는 지금 고린도후서 4장 마지막 부분에 입각한 삶을 살고 있다.

> 그러므로 우리가 낙심하지 아니하노니 우리의 겉사람은 낡아지나 우리의 속사람은 날로 새로워지도다 우리가 잠시 받는 환난의 경한 것이 지극히 크고 영원한 영광의 중한 것을 우리에게 이루게 함이니 우리가 주목하는 것은 보이는 것이 아니요 보이지 않는 것이니 보이는 것은 잠깐이요 보이지 않는 것은 영원함이라
> _고후 4:16-18

때때로 낙담하고픈 유혹에 빠지기도 한다. 하지만 선한 목자가 죽음이 아닌 삶으로 나를 이끄신다. 내가 가장 좋아하는 찬양 중 하나는 17세기 사무엘 크로스먼이 작곡한 〈나의 노래는 보이지 않는 사랑My Song Is Love Unknown〉이다. 찬양은 이렇게 시작한다. "사랑이 없는 자들을 위한 사랑이 그들도 사랑받을 수 있다 하시네." 그리고 이렇게 이어진다. "오, 내 친구여, 과연 나의 친구로다, 나의 필요를 위해 그의 삶을 쓰셨네." 주님이 그분의 자비와 은혜로 내 인생에 침노하여 들어오셨던 첫날부터 나는 친구가 되어 주시는 예수님의 사랑을 잊은 적이 없다. 그분은 사랑 없는 자들을 사랑스럽게 만드시기 위해 사랑을 보이시고, 친구 없는 자의 친구 되어 주셨으며, 자기중심적이며 자신밖에 모르는 비우호적인 자들도 친구 삼으셨다. 이것이 바로 평안의 복음이다. 나는 이 전투를 위한 평안의 복음의 신을 신고 내 마지막 적과 맞서 싸운다. 그렇기 때문에 나는 낙담하지 않는다. 아내 낸과 함께 기도하면서 우리는 좌절하지 않는다. 만약 나나 낸이 낙담할지라도 하나님의 자비와 은혜는 여전히 변하지 않을 것이다. 우리는 필요할 때 언제든지 그분을 바라보며 도움을 요청할 수 있다. 하나님은 항상 우리 가까이에 계신다.

이것이 성경 전체를 통해 전하는 메시지다. 성경은 생명과 죽음에 관련된 것이고, 당신이 죽으면 어떤 일이 일어나는지 알려 주며, 옳고 그른 것, 진리와 거짓, 희망과 절망, 순종과 무모함, 믿음과 우상숭배에 대해 이야기한다. 이것이 우리와 우리가 사역하는 이들이 살아가고 있는 드라마다. 기적인 것은 우리가 새로운 마음과 부드러운 마음 그리고 새 영을 얻어 영원히 살 수 있다는 것이다. 수년간 내 신실하신 구원자를 섬길 수 있었던 것은 얼마나 큰 특권이었는가. 도움이 필요한 사람들과 동행할 수 있던 것도 얼마나 큰 특권이었는가. 그리고 그분과 얼굴을 마주할 수 있다니 얼마나 기쁜 일인가.

주님, 당신은 당신의 사람들의 능력이 되십니다. 당신의 사람들을 구원해 주시옵소서. 당신의 유산을 축복하소서. 그들의 목자가 되어 안고 가 주시옵소서. 믿음으로 당신을 바라는 이들이 영원히 안전하고 확고하게 살 수 있게 해주셔서 감사합니다.

2019년 6월 7일,
데이비드 폴리슨은 살아 있을 때와 같이
예수님께 의지하며 세상을 떠났다.

부록
예수님의 사역 방식과
우리의 방식

에크발리스적 방식ekballistic mode: EMM¹은 예수님께서 그분의 측은 지심과 자기 계시의 위대한 이적들을 보여 주기 위해 사용하신 유일한 방식이 아니다. 예수님은 극적인 표적들을 많이 행하셨다. 귀신을 쫓아내시고 병든 자들을 고치셨다. 죽은 자를 살리셨고, 자신도 부활하셨으며, 물 위를 걷고, 오병이어의 기적도 행하셨다. 예수님께서 하신 일과 우리가 해야 할 일에는 당연히 차이가 존재하지만 연결되는 부분도 있다. 성경은 우리에게 그 차이를 분별하라고 가르친다.

이 부록에서는 주님이 하신 방식과는 다른 모양으로 우리가

---

1) "사역의 에크발리스적 방법"(EMM)이라는 용어는 축사 행위를 일컫는 말이다. 「성경이 말하는 영적 전쟁」(*Power Encounter: Reclaiming Spiritual Warfare*)에서 내가 처음 이 용어를 사용했다. 에크발리스는 그리스어 에크발로(*ekballo*)라는 말에서 따온 것인데 '쫓아내다'라는 뜻을 가지고 있다. 이 용어에 대한 더 많은 배경지식을 원한다면 「능력 대결」(*Power Encounter*) 28쪽을 참조하라. Newgrowthpress.com에서 확인할 수 있다.

행해야 하는 예수님의 열한 가지 행위를 살펴볼 것이다. 각각의 예시에서 다음의 세 가지를 주목하여 보도록 하자. 첫째, 예수님은 오늘날에까지 이어지고 있는 진정한 인간의 필요를 다루셨다. 둘째, 예수님은 비범하고 놀라운 권위적인 방식, 즉 명령 통제 방식command-control mode으로 특정 행위를 행하셨다. "내가 명한다. 고로 이루어진다." 셋째, 교훈 혹은 예시를 통해 우리는 같은 사역을 행하되 다른 방식, 즉 고전적인 믿음 순종 방식classic faith-obedience mode으로 해야 함을 알 수 있다. 방식이 변한 것이다. 귀신을 쫓는 데 있어 에크발리스적 방식이 고전적인 방식으로 대체되었음을 뒷받침하는 성경적 근거는 많다.

시작하기에 앞서 이러한 방식의 전환은 신약에서만 나타나는 특이한 현상이 아님을 짚고 넘어가야 한다. 구약에서도 사람들을 먹이시는 방식의 전환이 일어나는 놀라운 예시를 보여 주고 있다. 이스라엘 민족이 광야 생활을 할 때 주님은 기적적인 방법으로 그들의 매일의 필요를 공급하셨다. 만나가 매일 아침마다 내렸고 바위에서 물이 흘러나왔다. 하지만 이스라엘 민족이 요단강을 건너는 순간 상황이 변했다. 그들이 젖과 꿀이 흐르고 과수나무와 평지와 흐르는 물이 있는 땅으로 들어갔을 시점에 만나가 그쳤다. 자연적 악natural evil과의 능력 대결은 몹시 메말랐던 40년간의 광야 생활의 저주를 뒤바꿔 놓았지만, 결국 이스라엘 민족은 농부와 유목민이 되었다. 즉각적으로 나타나는 능력 방식immediate power mode은 언제나 특정한 그리고 신성한 목적을 성취하기 위하여 행해졌다. 시내 광야에서는 매일의 삶의 의존성, 충성심, 감사, 희망을 시험했고 어떤 이들에게는 이런 것들에 대한 가르침을 주었다. 시내 광야에서의 영적 전쟁은 도덕적 차원의 것이었고 메마른 광야에서만 하나님이 그들의 육적인 필요를 공급하시는 방식으로 나타났다.

앞으로 살펴볼 열한 가지의 예시는 임의로 정한 순서로, EMM(에크발리스적 방식)에 가장 가까운 것으로 끝을 맺는다. 일부 예시들은 낚시, 날씨, 세금과 같이 상대적으로 삶의 사소한 부분으로 보일 법한 것들을 이야기한다. 또 다른 예시들은 죄를 사하고, 병든 자들을 고치고, 죽은 자를 살리는 등의 상대적으로 좀 더 무거운 소재를 다룬다. 하지만 하나의 일관된 패턴이 나타날 것이다.

1. 세금을 내다

예수님과 사도 베드로는 특이한 방식으로 세금을 낸 적이 한 번 있다. 예수님은 고기를 잡으러 베드로를 보내시면서 잡히는 첫 번째 물고기의 입에서 성전세를 낼 돈을 찾을 수 있을 것이라 말씀하셨다(마 17:24-27). 이 예시에서 명령 통제 방식은 명백한 교훈적 목적을 갖고 있었다. 주님은 자신의 성전에 세금을 내실 필요가 없었다. 그렇지만 여론이 나빠지지 않게 하기 위해 자신을 나타내실 수 있는 방식으로 세금을 내셨다.

성경의 다른 말씀에서는 좀 더 일반적인 방식으로 세금을 낼 것을 분명하게 명하고 있다(마 22:16-22; 롬 13:1-7). 세금을 내야 하는 필요성은 그대로지만 돈을 구하는 방식은 바뀌었다. 물론 뜻밖에 얻는 돈으로 세금을 내면 안 된다는 이야기가 아니다. 하지만 뜻밖의 방법으로 돈을 만들었던 예수님의 명령 통제 방식은 그 전에도 그랬듯이 전통적인 청지기 방식classic stewardship mode으로 확실하게 대체되었다. 일하라, 그리고 내야 할 것을 내라.

여기에서 예수님이 하신 행위와 우리가 해야 하는 일 사이에 방식이 전환된다는 발상이 침묵 논법argument from silence[2]이 아님을 주목해야 한다. 성경 어디에서도 세금 낼 돈을 얻기 위해 권세의 말로 자연을 통제하지 말라고 언급하지는 않는다. 하지만 성경의 나머지 부분에서 다른 방식에 대해 가르치고 예를 들고 있기 때문에 이를 아예 금하는 것은 비상식적이고 불필요하다.

2. 물고기를 잡다

또 다른 두 상황에서 예수님은 권위적인 명령 방식으로 사도들이 고기 잡으러 가는 길을 인도하신다(눅 5:4; 요 21:3-6). 이 두 상황은 상황적 악situational evil과의 능력 대결이었다. 두 번 다 어부들은 밤새 일했지만 한 마리도 잡지 못했다. 예수님은 자신의 능력을 사용하셔서 고통받는 사람들을 축복하시고 헛된 노동의 저주를 물리치셨다. 예수님이 명하시니 믿기 어려울 정도로 엄청난 수의

---

[2] 과거에 만들어진 문서를 가지고 어떤 결론을 이끌어 낼 때 그 문서에 진술된 내용이 아닌 진술되지 않았다는 점을 근거로 하는 논법—역주

물고기를 잡게 되었다. 오직 주님만이 이런 능력을 쓸 수 있음을 알고 있었기에 이에 대한 다양한 반응이 나타났다. 첫 번째 상황에서 베드로는 예수님의 무릎 아래 엎드려 "주여 나를 떠나소서. 나는 죄인이로소이다"라고 고백했고, 두 번째 상황에서는 주를 알아본 기쁨으로 물에 뛰어들었다.

두 상황 모두에서 예수님의 방식은 확실한 목적을 가지고 있었다. 세금을 낼 때와 마찬가지로 고기를 잡을 때에도 예수님은 자연 세계를 통치하는 자신의 통제권을 드러내는 일을 사도들에게 하라고 명하셨다. 그렇다면 우리도 그의 방식을 따라야 하는가? 이에 대해서는 직접적인 명령은 없고 다만 사도들이 보여 주는 예시가 있을 뿐이다. 예수님께서 물리적으로 함께 계시지 않았을 때 제자들은 늘 그랬듯이 고기를 잡으러 갔다. 물고기 입에서 돈이 나왔던 예와 같이 (하지만 귀신을 쫓고 치유하는 것과는 다르게) 사도들은 단지 예수님의 직접적인 명령의 관객 그리고 수혜자의 입장에서 능력 대결 방식으로 물고기를 잡았다고 할 수 있다.

3. 물 위를 걷다

복음서는 예수님과 베드로가 갈릴리 바다 위를 걸었다고 기록하고 있다(마 14:24-33). 예수님은 그가 하늘과 땅의 창조주이자 물을 만든 분이시기 때문에 물 위를 걸으셨다. 그리고 베드로는 예수님을 향한 믿음으로 그리스도의 명령에 반응하여 물 위를 걸었다. 하지만 베드로가 믿음을 잃어버리자 바로 물에 빠지고 말았다. 예수님은 그를 구해 주시고 꾸짖으셨다. 예수님은 이 비유를 통해 믿음의 본질을 생생하게 보여 주셨다. 또한 능력 대결은 믿음을 직접적으로 이끌어냈다. "배에 있는 사람들이 예수께 절하며 이르되 진실로 하나님의 아들이로소이다 하더라."

오늘날 그리고 성경을 통틀어 보면 믿음에 관한 비슷한 문제들이 실질적으로 존재한다. 하지만 이제 우리는 물 위를 걷는 대신에 깊은 물속과 같은 수렁을 통과하는 정상적인 방식으로 우리의 믿음을 표현할 수 있다. 믿음을 표현하는 방식이 전통적인 방식으로 전환된 것이다.

4. 주린 자를 먹이고 목마른 자에게 물을 주다

배고픔과 갈증, 그리고 이를 야기하는 많은 원인들은 변하지 않는 상황적 악이다. 가뭄, 가시, 메뚜기 떼, 사회적 불공정, 적의 침입, 게으름 이 모든 것이 박탈감을 느끼게 하고 심지어 죽음에 이르게 할 수 있다. 주님 되시는 하나님은 심판자로서 자신으로부터 등을 돌린 자들에게 이러한 악을 허락하심으로 스스로를 나타내셨다. 또한 구세주로서 그분을 피난처로 삼는 사람들을 구제하시는 것으로 스스로를 나타내셨다. 어떤 때는 만나와 메추리 떼, 엘리야에게 보내신 까마귀, 가난한 과부의 가루와 기름처럼 능력 대결을 사용하셨다. 또 다른 때는 좀 더 '정상적인' 방식, 요컨대 젖과 꿀이 흐르는 땅, 이집트에서 요셉의 출세, 가뭄과 강수의 타이밍으로 주권적 능력을 나타내셨다.

이러한 악을 바로잡으시는 예수님의 방식은 두 번에 걸쳐 나오는데 먼저 기도한 다음 엄청난 수의 배고픈 무리들을 적은 양의 음식으로 먹이시는 것이었다. 그리고 한 번은 잔치를 축복하기 위해 물을 포도주로 바꾸셨다. 예수님은 세 가지를 성취하시기 위해 이 방식을 사용하셨다. 즉, 자신이 주님이심을 드러내시고, 사람들에게 실제적인 선을 행하셨으며, 믿음을 일깨우셨다. 예를 들어 가나에서의 포도주 기적은 증인들로 하여금 시편 104편 15절을 떠올리게 했다. 주님이신 하나님께서 "사람의 마음을 기쁘게 하는 포도주"를 만들어내셨다. 예수님은 이 신성한 능력을 극적으로 나타내셨다.

요한복음 6장에는 능력 대결 방식의 목적에 대한 가장 긴 논의가 기록되어 있다. 가난한 자들에게 돈을 주는 것은 배고픈 자들을 먹이는 것과 같은데 이 방식은 분명히 예수님께서 일상적으로 사용하신 방식이다(요 13:29). 하지만 주린 자들을 먹이라고 명하신 것은 그 자체로 사랑의 행위였고 일시적으로 생명을 유지시키는 일이었다. 그리고 이 기적은 좀 더 심오한 인간의 필요에 대해 가르칠 수 있는 기회가 되었다. 하루 생명을 일시적으로 유지하기 위해 먹는 빵은 영생을 위한 진정한 빵을 나타내는 것이었다.

5천 명을 먹이신 예수님의 행위는 다른 예에서도 그 특징을 알 수 있다. 명령 통제 방식은 많은 관심을 끌었고 이를 목격한 사람들은 예수님을 모세, 엘리야, 엘리사와 같은 선지자 아니면 주님 그분 자체라고 생각했을 것이다. 하나님이 광야에서 이스라엘 민족에게 만나를 주셨듯이, 여기서도 사람들은 특별한 빵을 먹었다. 하지만 예수님의 방식은 그 자체로 끝이 아니라 영구적인 목적을 위한 것이었다. 상황적 악에 대적하는 예수님의 방식은 언제나 세 가지에 초점이 맞추어져 있었다. 그것은 궁핍한 자들을 향한 진심 어린 사랑의 행위이자, 자신이 하나님이며 인간의 모습으로 오신 그리스도인 것을 드러내는 것이었으며, 사람들의 믿음을 북돋아 주는 것이었다.

우리도 배고픈 자들을 먹여야 한다. 그리고 우리의 방식은 예수님이 보여 주신 본을 어느 정도까지는 따를 수 있다. 우리 역시 기도한다. 하지만 성경은 예수님이 기도하신 후에 하신 행동과 우리가 하는 행동 간에 근본적인 차이가 있음을 가르친다. 주기도문으로 "날마다 일용할 양식을 주시고"라고 기도할 때 우리는 하나님의 공급하심을 구한다. 우리는 우리가 직접 일해서 얻는 음식을 먹거나 다른 이들이 사랑으로 나누는 것을 먹는다. 예수님이 빵과 물고기를 넘치게 하셨다면, 우리는 교회에 헌금하고 구호 단체를 후원하고 음식 창고를 정리하고 아기에게 젖을 먹이고 아이들을 위해 저녁을 준비하며 환대를 보여 줄 수 있다.

왜 오늘날에는 초자연적인 방법으로 주린 자들을 먹이지 않는가? 단순하게 우리 스스로는 그렇게 할 수 없음을 알기 때문인가? 빵과 물고기를 증대시키지 말라는 법도 없지만 성경의 여러 구절에서는 말씀과 예시를 통해 우리에게 다르게 행할 것을 명하고 있다. 예를 들어, 바울은 생계를 위해 성실하게 일하며 궁핍한 자들을 도왔다(행 20:34). 에베소서 4장 28절에서는 자기 손으로 수고하여 가난한 자들을 구제하라고 요청하고 있다. 바울은 또 고린도 교인들에게 흉년이 든 지역의 교회를 돕기 위해 돈을 모으라는 장문의 편지를 썼다. 목회자적 방식이 능력 대결 방식을 대체한 것이다.

5. 하나님의 권위로 말하다

인간은 어떻게 하나님의 권위를 나타내는가? 예수님은 직접적이면서 개인적인 권위를 가지고 "내가 너에게 이르노니"라고 말씀하셨다. 예수님은 "서기관과 바리새인" 그리고 우리가 말하듯 말씀하시지 않으셨다. 물론 우리도 권위 곧 하나님의 권위를 가지고 있지만 예수님과 같은 방식으로 말하지 않는다. 우리가 가지고 있는 권위는 근본적으로 다음과 같은 식이다. "성경은 …라고 말한다." "주님은 …라고 말씀하신다." "하나님은 …라고 하신다." 이렇게 말하는 방식이 약하거나 비인격적인 것은 아니다. 엄숙함과 긴급성이 우리가 하는 말에 실릴 수 있다. "주님의 이름으로 나는 엄숙히 너에게 명한다, 나는 너에게 항변한다." 주님의 권위는 심지어 겉으로 드러나지 않는 방식으로 표현될 수 있다. "네가 믿고 있는 것과 사는 방식으로 인해 너는 너 자신을 죽이고 있어. 회개하지 않으면 넌 죽을 거야."[3] 어떤 경우이든 우리가

---

3) 이 말을 만약 "나에게 회개하라. 아니면 널 죽일 것이다"라는 의미로 사용하면 개인적 권위로 하는 말이 될 것이다.

가진 권위는 우리 자신의 것이라기보다는 파생된 권위다. 권위라는 것은 하늘과 땅의 모든 권위를 가지신 그 한 분만을 가리키는 표지판이라고 할 수 있다. 예수님은 일인칭 권위로 말씀하셨지만 우리는 감히 그렇게 말할 수 없을 뿐더러 자칫하면 이로 인해 죄를 짓게 된다.

6. 사람을 사역으로 부르다

예수님은 어떻게 사람들을 사역으로 부르셨는가? 제자가 될 사람을 발견하시면 "세금 계산대를 버리고, 너의 그물을 버리고, 나를 따르라"고 말씀하셨다. 예수님은 말씀하셨고 사도들은 순종했다. 후에 예수님은 바울과 능력 대결을 하시며 그의 눈을 멀게 하시고 말에서 떨어지게 하셨다. "너는 일어나 시내로 들어가라 네가 행할 것을 네게 이를 자가 있느니라 하시니"(행 9:6). 예수님은 반항할 수 없는 권위로 명령 통제 방식을 사용하셨다.

우리도 마찬가지로 사람들을 부르고 또 사역으로의 부르심을 들어야 한다. 우리는 명령 통제 방식을 쓰지는 않지만 디모데전서 3장과 같은 말씀을 보고 가이드 삼을 수 있다. 성경은 성품, 의지, 경험, 평판, 은사와 같은 객관적인 기준을 제시한다. 우리는 사람들을 시험하고 긴 시간에 걸쳐 그들의 삶을 관찰한다. 그리고 우리 주님께 지혜를 달라고 기도한다.

이 열한 가지의 예시들 중 상당수에서 예수님은 하나님이자 인간인 분으로서 합당하게 두 가지 방식을 모두 사용하신다. 처음에 예수님은 극적이고 놀라운 방법으로 제자들을 부르셨다. 그러고 나서 열두 명의 사도를 선택하기 위해 밤새 기도하셨다. 이와 비슷하게 예수님은 정상적인 방법으로 재배하고 준비된 음식을 드셨다. 또 배를 타고 강을 건너셨고 성경 말씀을 인용하셨다. 정상적인 방식으로 얻고 기부된 돈을 사용하셨다. 예수님의 삶에서도 명령 통제 방식은 특수한 목적을 위해 제한적인 상황에서 사용되었다. 성경은 결코 권위적인 방법으로 리더를 세우지 말라고 말하고 있지 않으며 이에 대해 침묵한다. 그러나 이 침묵은 오히려 더 큰소리로 울리는 침묵이다. 왜냐하면 우리가 어떻게 전통적인 방식으로 해나갈 수 있는지에 대해 이미 많은 지침이 주어졌기 때문이다.

7. 죄를 용서하다

죄를 다루는 데 있어 예수님과 우리 사이에는 놀라울 정도의 연속성과 불연속성이 공존한다. 연속성은 필요가 있다는 것에 있다. 언제 어디서든 용서받아야 할 사람들이 있기 마련이기 때문이다. 하지만 예수님은 우리와 상당히 다른 방식으로 다른 이들의 죄를 다루신다. 예수님은 우리를 대신하여 속죄하셨다. 그들을 대신하여 완벽한 속죄제물이 되심으로 그들을 실제적으로 그리고 객관적으로 용서하셨다. 예수님은 사람들을 위해 자신의 피를 흘림으로 그들을 용서할 수 있는 권리를 얻은 자로서 권위를 가지고 "아버지, 저들을 용서하소서"라고 말씀하실 수 있었다.

흥미롭게도, 요한복음은 에크발리스적 사역을 딱 한 번 언급한다. "이제 이 세상에 대한 심판이 이르렀으니 이 세상의 임금이 쫓겨나리라 내가 땅에서 들리면 모든 사람을 내게로 이끌겠노라 하시니"(요 12:31-32). 최후의 축사 사역은 십자가 위에서 이루어졌고 우리를 죄와 죽음으로 묶어 두려 했던 사탄의 능력은 무너졌다. 요한복음에 등장하는 이 한 번의 'EMM' 사역은 도덕적 악의 힘과 형벌에 치명적인 타격을 가했다.

예수님의 방식과 우리의 방식 간의 불연속성은 우리가 우리 자신 그리고 다른 이들의 죄를 위해 죽지 않는다는 것에 있다. 우리는 용서의 객관적 조건을 형성할 수 없다. 하지만 연속성의 요점은, 어둠의 왕국으로부터 구원받은 자로서 우리는 하나님이 우리를 용서하셨듯 우리도 사람들을 용서한다는 것이다. 우리는 예수 그리스도의 용서를 받은 자로서 다른 이들을 용서한다. "서로 용서하기를 하나님이 그리스도 안에서 너희를 용서하심과 같이 하라"(엡 4:32). 우리의 방식은 용서를 하는 부분에서뿐 아니라 그 과정에서도 차이가 있다. 우리는 다른 사람이 우리에게 저지른 죄는 용서할 수 있지만 하나님이 용서하시는 방식으로 하지 않는다. 만약 어떤 사람이 우리에게 용서를 구할 때 그 사람이 위선자라 해도 우리는 그 사람에 대한 어떠한 원한도 갖지 않고 주관적으로 용서한다. 하지만 하나님은 마음을 읽으시기 때문에 위선자는 객관적으로 용서받지 못한다. 예수님은 권위적이고 객관적으로 용서하시지만, 우리는 인격적으로 또 주관적으로 용서한다.

8. 죄를 대면하고 꾸짖다

죄를 다루는 또 다른 측면 역시 방식이 전환되는 좋은 예를 보여 준다. 예수님과 사도들은 분노의 결과가 즉시 나타나게 했다. 예를 들면, 예수님은 무화과나무를 향해 "다시는 열매를 맺지 못하리라!"라고 말씀하셨다. 무화과나무는 열매 없는 이스라엘을 의인화한 것으로 예수님의 말씀에 나무는 바로 시들어 죽어 버렸다. 베드로는 아나니아와 삽비라의 죄를 드러냈고 두 사람은 그 자리에서 죽었다. 이러한 능력 대결은 상황적 악을 즉각적인 결과물(시듦과 죽음)로 내세워 도덕적 악을 다룬다. 이런 류의 권위가 오늘날 교회 관리 현장에서도 나타난다고 상상해 보라. 목사가 사람들의 마음을 꿰뚫어볼 수 있는데, 잘 보이기 위해 얼버무리는 사람에게 "당신은 거짓말을 하고 있고 성령님을 속이고 있습니다"라고 말한다면 그 즉시 장의사를 부르게 될 것이다. 하지만 당연히 이런 일은 일어나지 않을 것이다. 교회는 예수님과 같은 방식으로 공정한 하나님의 분노를 표현하도록 부르심을 받지 않았기 때문이다.

심판을 해야 할 필요성은 여전히 존재한다. 하지만 주님과 그의 선지자들, 그리고 사도들은 '정상적인' 방식으로 권위를 힘써 행할 것을 명했다. 정상적인 방식이라고 하면 하나님의 말씀을 가르치거나, 교회의 규율을 잘 수행하고, 억압받는 자들의 권리를 지키고, 악을 행하는 자들을 대면하고 경고하는 일 등이 있다. 예수님은 직접적으로 자신의 권위를 가지고 말씀하셨고, 우리의 권위는 파생적이지만 자격을 갖추고 있다. 마태복음 23장에서 예수님은 신성한 저주를 선포할 때 은혜를 내리지 않으셨다. 하지만 우리는 은혜를 기꺼이 베풀어야 하고 회개와 용서의 기회를 제공해야 한다.[4]

9. 죽은 자를 살리다

죽은 자를 살리는 것은 상황적 악에 가할 수 있는 최고의 공격이다. 다른 모든 악이 내세우는 궁극적인 논리가 죽음이기 때문이다. 예수님은 기이한 명령 통제 방식과 정상적인 의존적 믿음의 방식 둘 다 사용하여 죽은 자를 일으키셨다. 궁극적인 상황적 악에 맞서는 그분의 긍휼하심의 전투에서 예수님은 "청년아, 내가 네게 말하노니 일어나라!", "아이야, 일어나라!", "나사로야, 나오너라!"라고 명령하셨다(눅 7:14; 눅 8:54; 요 11:34). 하지만 예수님 자신이 죽음에 순종해야 하는 도덕적 사명을 대하실 때는 "인자가 … 제삼일에 살아나야 하리라"(눅 9:22)라고 하시며 공의로 심판하시는 하나님께 자신을 맡기셨다.

우리는 어떻게 죽은 자를 일으키는가? 우리는 두 번째 방식을

---

[4] 어떤 상황에서 예수님은 (제자들과 무리들에게 그리하셨듯이) 우리가 죄를 대면하는 방식의 모범이 되어 주셨다. 또 다른 상황에서는 (메마른 무화과나무에게 하셨듯) 궁극적 심판의 능력 방식으로 행하셨다.

사용한다. "우리 주 예수 그리스도를 믿어라. 그분은 부활과 생명이시다. 그분을 믿으면 죽어도 살게 될 것이다. 그리고 만약 당신이 그분 안에 살고 그분을 믿으면 영원히 죽지 않을 것이다"라고 이야기할 수 있다. 이와 비슷하게 우리는 우리의 영혼을 신실하신 창조주께 맡긴다. 예수께서 나인에서 젊은 청년, 야이로의 딸, 나사로를 살리셨지만 그들도 결국에는 죽었을 것이다. 하지만 예수님은 부활하시어 자신을 사랑하는 모든 이들의 더 나은 부활을 위한 첫 열매가 되셨다.

예수님이 행하신 이 세 번의 죽음과의 능력 대결은 놀라운 일시적인 사랑과 신성한 능력의 표적을 보여 주었다. 그러나 진리의 말씀에 의존하여 믿는 방식으로 죽은 자를 살리신 예수님의 방식은 훨씬 더 효과적이고 더 오래 지속된다. 예수님의 비범한 방식은 숨이 멎을 정도로 놀랍지만 그분이 결국 자신의 세계에서 행하신 '정상적인' 방식만큼 강하지 않다. 이것이 예수님께서 "내가 진실로 진실로 너희에게 이르노니 나를 믿는 자는 내가 하는 일을 그도 할 것이요 또한 그보다 큰 일도 하리니 이는 내가 아버지께로 감이라"(요 14:12)라고 말씀하신 이유다. 놀랄 것도 없이 예수님은 이 말씀에 이어서 기도, 사랑 그리고 성령님에 대해 매우 자세히 말씀하신다. 우리는 성령의 능력을 통한 삶의 방식을 얻게 되었다. 이러한 성령의 능력은 명령 통제 방식보다 좀 덜 극적이긴 하지만 훨씬 더 강력하다. 예수님이 이 땅에 계실 때 하나님의 영광은 예수님의 직접적 권위를 가진 임재에 의해 나타났다. 하지만 우리는 전 세계에 닿을 수 있는 방식을 전수받았다. 우리는 복음을 전하는 방식으로 그리스도를 믿는 모든 이들을 살려야 한다.

10. 날씨를 통제하다

마지막 남은 두 가지 예시, 즉 날씨를 통제하고 아픈 이들을 치유하는 것은 가장 핵심적인 부분이라고 할 수 있다. 왜냐하면 성경이 이 둘을 에크발리스적 사역과 밀접하게 연결시키고 있기 때문이다. 현대를 살아가는 우리는 날씨에 대해 불편한 것 정도로만 여길 뿐 별 관심을 갖지 않는다. 거의 대부분 날씨에 직접적으로 영향을 받지 않는다. 하지만 우리는 날씨에 관심을 가져야 한다. 날씨는 인간의 삶에 영향을 미칠 뿐 아니라, 하나님께서 이를 통제하고 계심을 반복적으로 말씀하시기 때문이다.[5] 수년 전 우간다에 갔을 때, 미국 도시 출신인 나에게는 참 이상하게 보이는 광경을 목격한 적이 있다. 교회 목사님이 비가 오게 해달라고 격정적으로 기도하고 있었던 것이다. 목사님은 올바른 믿음을 가지고 있었고 나는 능력의 하나님을 알기까지 더 성장해야 했다.

주 하나님 되시는 예수님은 날씨를 다루실 때 상황적 악과 능력 대결을 행하셨다. 이와 관련된 한 사건이 예수님의 특별히 길었던 가르침 사역 이후에 일어났다. 예수님이 배 아래에서 주무

---

5) 시 29, 104, 147편을 보라.

시고 계실 때 커다란 폭풍우가 몰아쳤다. 배가 눈앞에서 침몰하기 직전에 제자들은 예수님을 깨웠다. 예수님은 바람과 파도를 향해 "잠잠하라! 고요하라!"라고 말씀하셨다. 예수님의 명령에 폭풍우는 그 즉시 잠잠해졌다(막 4:35-41; 마 8:23-27 참고).

우리는 기상학적 현상들을 통치하시는 것을 묘사한 말씀이나 하나님의 사람들이 기도하는 모습을 보여 주는 많은 구절을 통해 날씨를 다루는 방식을 배울 수 있다. 예를 들어, 우리가 "날마다 일용할 양식을 주시옵고"라고 기도하는 것조차도 하나님께 날씨에 대한 기도를 올리는 것이라고 할 수 있다. 받을 만하든 아니든 고난은 중보기도를 하게 한다. 엘리야 선지자는 명령 통제 방식과 의존적 기도 방식 둘 다를 잘 활용하는 사람의 대표적인 전형을 보여 준다. 그는 하나님의 심판을 전하는 대리인으로서 다음과 같이 선포한다. "내 말이 없으면 수 년 동안 비도 이슬도 있지 아니하리라"(왕상 17:1). 결국 비가 온 것은 전에 하늘에서 불이 내렸던 것처럼 엘리야가 기도했기 때문이었다(왕상 18:42; 18:36-37 참고). 흥미롭게도 야고보서 5장 17절에서 야고보는 고난당한 자들을 도울 것에 대해 명하면서 날씨와 병 사이의 유사성을 밝히고, 대적에 맞설 때 엘리야와 같은 기도의 삶을 살 것을 권면한다.

큰 파도에 침몰할 것 같은 배 위에서 예수님은 명령 방식으로 일하셨지만, 우리는 아버지께서 권능으로 행하실 것을 구하는 의존적인 요청 방식으로 일한다. 이 중 하나가 다른 것보다 더 효과적이라고 말할 수 없다. 두 방식은 분명 다르지만 똑같이 강력한 효과를 보여 준다. 예를 들어 엘리야가 기도하자 3년 동안 비가 내리지 않았다. 또다시 기도했을 때 그날 바로 폭풍우가 일었다. 전에 언급했던 우간다 목사님이 기도한 후 며칠 뒤 계절성 비가 내렸다. 이것이 하나님의 세계다.

마가복음 4장 35-41절과 1장 23-28절을 비교해 보면 날씨를 통제하시는 예수님의 능력이 귀신을 다루시는 능력과 분명하게 연결되어 있음을 볼 수 있다. 마가복음 1장 23-27절에서는 예수님의 첫 번째 능력 대결을 묘사하고 있다. "마침 그들의 회당에 더러운 귀신 들린 사람이 있어 소리 질러 이르되 나사렛 예수여 우리가 당신과 무슨 상관이 있나이까 우리를 멸하러 왔나이까 나는 당신이 누구인 줄 아노니 하나님의 거룩한 자니이다 예수께서 꾸짖어 이르시되 잠잠하고 그 사람에게서 나오라 하시니 더러운 귀신이 그 사람에게 경련을 일으키고 큰 소리를 지르며 나오는지라 다 놀라 서로 물어 이르되 이는 어쩜이냐 권위 있는 새 교훈이로다 더러운 귀신들에게 명한즉 순종하는도다 하더라."

이 본문을 예수님이 폭풍우를 잠잠하게 하시는 마가복음 4장 38-41절과 비교해 보라. "예수께서는 고물에서 베개를 베고 주무시더니 제자들이 깨우며 이르되 선생님이여 우리가 죽게 된 것을 돌보지 아니하시나이까 하니 예수께서 깨어 바람을 꾸짖으시며 바다더러 이르시되 잠잠하라 고요하라 하시니 바람이 그치고 아주 잔잔하여지더라 이에 제자들에게 이르시되 어찌하여 이렇게 무서워하느냐 너희가 어찌 믿음이 없느냐 하시니 그들이 심히 두려워하여 서로 말하되 *그가 누구이기에 바람과 바다도 순종하는가* 하였더라."

이 두 본문은 세부적인 사항들만 조금 다를 뿐 주제 면에서나 언어적인 면에서 사실상 동일하다. 여기서 적어도 일곱 개의 직접적인 공통점을 뽑아낼 수 있다. 첫째, 이 둘의 상황적 악은 귀신과 폭풍우에 걸맞게 요란스럽게 예수님께 달려들었다. 둘째, 예수님은 직접적으로 이들을 꾸짖고 명하셨다. 셋째, 이 두 상황에서 예수님은 "잠잠하라!"고 같은 명령을 내리셨다. 넷째, 마귀와 폭풍우 모두 그 즉시 순종했다. 귀신은 바로 떠났고 바람은 잠잠해졌다. 다섯째, 이 광경을 지켜본 증인들은 심히 놀라고 두려워했다. 예수님이 명령 통제 방식을 사용하실 때마다 나타났던 전형적인 반응이었다. 여섯째, 사람들은 놀라면서 "이 권위는 무엇인가?", "이분은 도대체 누구인가?" 하며 경이감을 드러냈다. 그리고 일곱째, 증인들은 자신들이 목격한 것, 즉 상황적 악인 더러운 마귀와 바람과 바다가 예수님이 명하신 대로 순종한 것에 대해 논했다.

제자들은 "이분은 누구인가?"라며 경이로움을 표현했는데 이는 그들이 성경 말씀을 알고 있었기 때문이다. 시편 107편 29절은 "[주님이] 광풍을 고요하게 하사 물결도 잔잔하게 하시는도다"라고 말하고 있다. 그리고 무리는 악귀를 쫓아내는 예수님의 권위에 놀라움을 금치 못했는데, 이 또한 그들이 말씀을 알고 있었기 때문이다. 구약 전반에서 살펴봤듯이 주님의 허락과 의지가 마귀를 통제한다.

그러므로 예수님은 명령 통제 방식으로 날씨와 더러운 귀신, 이 두 종류의 상황적 악을 동일하게 다루신다. 이 둘은 저주가 해롭고 파괴적인 모습으로 표출되었다는 점에서 같은 범주에 있다고 할 수 있다.[6] 예수님이 사용하신 방식을 통해 우리는 모든 형태의 고난으로부터 구원받는 것이 어떠한지 처음으로 살짝 맛볼 수 있었다. 상황적 악과의 최후 능력 대결은 예수님이 영광 중에 재림하실 때 이루어질 것이다.

다른 예시들과 마찬가지로 날씨를 다루는 데 있어서도 방식이 전환되었음을 보았다. 예수님은 말씀하시고 날씨는 순종했다. 하지만 우리는 좋지 않은 날씨로 인해 생기는 고난으로부터 구원해 달라고 하나님께 기도한다.

11. 아픈 자들을 고치다

마지막으로 살펴볼 예시는 EMM을 평가하는 데 있어 가장 중요한 예시다. 아픈 자를 고치는 것과 귀신을 쫓아내는 것은 반복적

---

6) 그렇다면 마귀가 사람들을 죄로 속박하기 위해 유혹하고 거짓을 가르치는 악한 대리인이 아니라는 것을 의미하는가? 당연히 그렇지 않다. 성경은 "미혹하는 영과 귀신의 가르침"을 따르는 사람들에 대해 말하고 있다(딤전 4:1). 하지만 이 문맥에서 바울은 이러한 가르침과 거짓 교사들이 가르치는 내용을 강조한다. 우리는 마귀로부터 비롯된 거짓 메시지와 그 메시지를 전하는 자들에게 저항하고 진리를 꼭 붙잡음으로써 이에 대적할 수 있다. 우리가 반복적으로 봐왔듯이, 도덕적 악에는 EMM이 필요하지 않다.

으로 같은 범주 안에 놓인다. 성경 말씀은 종종 예수님이 귀신 들린 자들을 고쳤다고까지 진술한다.[7] 질병은 강력한 악이 발현한 것으로 죽음의 맛보기라고 할 수 있다. 예수님은 말씀으로 병든 자들을 고치셨다. 그래서 눈먼 자는 눈을 뜨고, 듣지 못하는 자는 듣고, 걷지 못하는 자는 걸으며, 열은 내리고, 메마른 자는 힘을 얻었다.

예수님은 연민에 사로잡히어 육체적 고난을 낫게 해주셨다. 고통받는 자들의 고통을 제하여 주신 동시에 기쁨을 가져다주셨다. 이런 선한 행위는 예수님의 정체성을 드러내는 표적이라고 성경은 반복적으로 말하고 있다. 예수님을 "네 모든 병을 고치시며 네 생명을 파멸에서 속량하시고", "마음이 상한 자를 고치며 … 모든 슬픈 자를 위로"하시는 분이라고 설명한다(시 103:3-4; 사 61:1-2).

치유는 그 능력이 나타나기 전과 후 모두 예수님을 치유자로 믿으라는 부르심과 반복적으로 연결되어 있다. 예수님은 여러 차례 드러내 놓고 치유 능력을 사용하심으로 죄를 용서하시는 그분의 권위를 세우셨다. 많은 경우에서 그렇듯, 요한복음은 예수님의 방식의 더 넓은 목적을 가장 광범위하게 조명한다. 요한복음 9장에서 예수님은 하나님의 행하심을 밝히고, 믿음으로 초청하며 불신을 공개적으로 드러내기 위해 한 맹인을 치유하셨다. 요한복

---

[7] 마 4:23-24의 요약본이나 마 12:22에 나오는 특정 사건을 참고하라.

음 11장에는 예수님이 "나는 부활이요 생명이니"라는 더 큰 교훈을 주시기 위해 죽은 나사로를 살리시는 장면이 나온다. 명령 통제 방식이 믿음을 일으켰지만 또한 죽이기로 꾀하는 자들 안에서는 불신이 굳어졌다.

그렇다면 우리도 병을 낫게 하기 위해 명령 통제 방식을 사용해야 하는가? 성경은 명확하게 다른 방식을 취할 것을 지시하고 있다. 구약과 신약에서 말하는 치유의 일반적인 방식은 하나님께 기도하는 것으로, 우선 하나님께 온전히 의지하고 그다음으로 의학적 수단을 사용하는 것이다. 하나님이 치유자 되심을 믿고 기도하는 믿음은 치유의 기초를 닦는 일이다. 전통적인 방식의 치유를 가장 잘 보여 주는 장면이 이사야 38장에 등장한다. 히스기야 왕은 병들어 죽게 되었을 때 매우 간절한 마음으로 하나님께 병을 낫게 해달라고 기도한다. 하나님은 그의 기도를 들어주신다. 의료적 처치로 무화과 한 뭉치를 가져다가 종기에 붙였지만(사 38:21) 하나님을 제일 먼저 찾았다는 것이 중요하다. 또 다른 왕의 고난은 우선순위를 지키지 않는 것에 대해 경고한다. 아사 왕은 발에 심각한 병이 생겼다. 하지만 성경은 "병이 있을 때에 그가 여호와께 구하지 아니하고 의원들에게 구하였더라 … 죽어 그의 조상들과 함께 누우매"(대하 16:12-13)라고 말하고 있다.

어떤 이들은 우리가 예수님의 명령 통제 방식으로 치유하지 않는다는 말이 침묵 논법이라고 반박할 수도 있다. 결국 예수님의 방식으로 병을 낫게 하지 말라는 명령도 없지 않느냐고 지적

한다. 앞서 살펴본 열 가지 예시들에 대해서도 그렇게 하지 말라는 말씀이 없듯이 말이다. 하지만 성경은 구체적으로 병에 대해 다른 방법으로 접근할 것을 알려 준다. 야고보서 5장 14-16절은 병을 치유할 때 교회가 어떻게 해야 하는지 가르쳐 주고 있다. "너희 중에 병든 자가 있느냐 그는 교회의 장로들을 청할 것이요 그들은 주의 이름으로 기름을 바르며 그를 위하여 기도할지니라 믿음의 기도는 병든 자를 구원하리니 주께서 그를 일으키시리라 혹시 죄를 범하였을지라도 사하심을 받으리라 그러므로 너희 죄를 서로 고백하며 병이 낫기를 위하여 서로 기도하라 의인의 간구는 역사하는 힘이 큼이니라."

이 본문에서 우리는 아픈 자들을 대신하여 하나님께서 강력하게 일해 주시도록 구할 때 어떻게 해야 하는지 네 가지를 깨달을 수 있다. 첫째, 교회의 목자는 개인적인 차원으로 참여해야 한다. 강대상에서 하는 일반적인 기도로는 충분하지 않다. 아픈 자들을 위한 기도는 손을 얹고 얼굴을 마주해야 하는 사역이다.

둘째, 질병은 종종 상담을 요하는 환경을 조성하므로 죄를 고백하는 일이 생길 수 있다. 질병을 포함한 상황적 악은 다양한 죄를 드러낸다. 질병은 죄에 대한 심판일 수도 있는데 자연스러운 결과이거나 특정한 형벌일 수 있다. 아니면 두려움, 절망, 자기 연민, 이기심, 분노, 회피, 후회, 불평, 약에 대한 맹목적인 믿음, 신앙 요법사들에 대한 신뢰, 현실 부정 등과 같은 죄에 빠지고 싶은 유혹을 유발할 수 있다. 혹은 질병을 통해 전에는 간과하고 있던 죄를 인식하여 자기반성을 하게 할 수도 있다. 질병은 그리스도의 은혜를 나타내고 사람들이 믿음과 순종 안에서 자라나도록 도울 수 있는 엄청난 상담 기회를 제공한다.

셋째, 성경은 결코 의학적 수단을 경시하지 않는다. 야고보서 5장은 "주의 이름으로 기름을 바르며"라고 말하면서 의학적 방법을 사용할 것을 직접적으로 권하고 있다. 영어로 보면 이것 anoint은 의례적으로 기름을 바르는 것처럼 들린다. 하지만 야고보가 사용한 '기름을 바르다'라는 단어는 영적으로나 의례적으로 기름을 붓는 것에 쓰이는 말과는 다르다. 이 단어는 보통 의료적 행위로 연고를 바르거나 기름으로 사람의 몸을 씻고 매무새를 단장하는 것을 묘사할 때 쓰인다. 당시 기름은 가장 흔하게 쓰이던 의료 치료법이었다. 만약 야고보의 의도가 이러하다면 그는 하나님에 대한 믿음의 행위로 의료적 방법을 사용할 것을 간곡히 권하고 있다고 말할 수 있다. "주의 이름으로"라는 말은 의료적 치료를 약에 대한 맹신으로 받아들이지 말고 치유하시는 주님을 믿는 믿음으로 받아들여야 한다는 것을 강조하는 것이다.

넷째, 야고보서 5장은 엘리야를 상기시키며 강력하게 기도할 것을 권고한다. 기도 방식은 명령 통제 방식에서도 나타났던 능력, 즉 하나님의 능력을 소환한다. 예수님은 명령 통제 방식으로 치유하셨다. 하지만 성경은 우리에게 다른 방식으로 하라고 말하고 있다.

마귀로 인한 고통을 다루기 위한 방식 전환

마태복음, 마가복음, 누가복음, 사도행전에서는 예수님과 그 제자들이 질병, 날씨, 세금 내는 것, 개인의 권위를 가지고 선포하는 것 등을 행할 때 명령 통제 방식을 사용하는 모습을 보여 주고 있다. 그러나 신약의 나머지 부분에서는 구약의 주된 접근을 따라 다른 방식의 예시를 들면서 이를 명하고 있다. 그렇다면 질병과 고통에 연루된 마귀를 다루는 데 있어 이와 비슷하게 방식이 전환된 사례가 있는가?

확실히 이러한 방식의 전환을 찾는 것은 어렵지 않다. 성경은 명령으로 세금을 내고, 죽은 자를 일으키고, 폭풍을 잠잠하게 한 것에 대해 침묵하듯이 이 문제에 있어서도 같은 방법으로 '침묵'하고 있다. 그러나 이 침묵은 우레와 같은 소리를 낸다. 마귀로 인한 고통을 다루는 방식은 전통적인 방식으로 되돌아간다. 즉, 삶의 고난 중에도 수용적 믿음과 능동적 순종으로 그리스도인의 삶을 살아내는 것이다.

다른 모든 예시들과 마찬가지로 EMM은 일시적인 목적으로 행해졌다. 성경은 EMM을 영구적으로 사용하는 것에 대해 그 어떤 명령도 하지 않는다. 신약의 서신들은 마귀나 다른 것으로 인한 고난에 대해 구약과 비슷한 전통적 방식을 사용할 것을 일관적으로 증언하고 있다. 그러나 성경에는 이미 논의된 구약 본문과 복음서에 등장하는 예시들 외에 다른 마귀에 의한 고난을 보여 주는 예시가 많지 않다는 점은 한 번쯤 짚고 넘어갈 만하다.

대부분의 성경은 죄의 권세와의 진정한 영적 전쟁에 주목하고 있으며, 여기에서 EMM은 복음서와 다른 어떤 말씀에도 포함되어 있지 않다.

현대식 축사 사역은 두 가지 근본적인 오류에 근거를 두고 있다. 첫째는 성경의 기록을 잘못 해석하여 도덕적 악과 상황적 악을 구분하지 못했다는 점이다. 사역자들은 도덕적 악의 "마귀"를 내쫓으려 했지만 이는 성경 그 어디에서도 가르치거나 묘사된 바가 없다. 둘째로 사역자들은 통제 명령 방식에서 전통적인 방식으로 일반적 방식 전환이 일어났음을 깨닫지 못했다.

성경에서 가르치지 않는 것을 행사하는 것에는 심각한 신학적, 목회적 결과가 뒤따른다. 고난을 야기하는 특정 상황적 악을 다른 모든 상황적 악과 다르게 대응해야 한다면 이를 뒷받침하는 올바른 이유와 명확한 지침이 필요하다. 그리고 EMM 방식을 극적으로 사용하는 범위를 넓혀야 한다면, 예를 들어 악한 영이 인간의 성격에 침투하여 거주하며 몰래 죄와 불신의 패턴을 악화시키고 강요한다면, 완전히 납득할 만한 근거가 필요할 것이다.

EMM 추종자들이 귀신 들린 것을 죄의 패턴과 연결시키는 것은 예수님의 모범을 따르지 않는 것이다. 예수님은 절대 그렇게 행하지 않으셨다. 사실, 그들은 예수님의 전통적 방식에 필요한 보조물로 EMM을 새롭게 사용한다는 자신들만의 극단적인 방식 전환을 추종하는 것일 뿐, 이는 직접적인 성경적 근거도 없고 유사점도 없다. 구약에서도, 예수님도, 그리고 신약의 서신들에서도

EMM이 우리 마음, 죄에 속박, 혹은 사탄과의 영적 전쟁으로 인한 도덕적 딜레마를 다루고 있다고 이야기하지 않는다. 삶의 역경 속에서 점진적으로 성화되어 가는 방식이 바로 우리가 행해야 할 다른 방식이다.

일상의 영적 전쟁

1판 1쇄	2022년 5월 20일
1판 3쇄	2024년 9월 25일

지은이	데이비드 폴리슨
옮긴이	권명지
발행인	조애신
편집	이소연
디자인	임은미
마케팅	전필영
경영지원	전두표

발행처	도서출판 토기장이
주소	서울시 마포구 동교로 71-1 2F
출판등록	1998년 5월 29일 제1998-000070호
전화	02-3143-0400
팩스	0505-300-0646
이메일	tletter77@naver.com
인스타그램	togijangi_books_

ISBN   978-89-7782-468-3

- 이 책은 저작권 법에 따라 보호를 받는 저작물이므로 무단 전재와 무단 복제를 금합니다.
- 이 책의 전부 또는 일부를 이용하려면 반드시 저자와 도서출판 토기장이의 동의를 받아야 합니다.

도서출판 토기장이는 생명 있는 책만 만듭니다.
"우리는 진흙이요 주는 토기장이시니 우리는 다 주의 손으로 지으신 것이니이다" (이사야 64:8)